本当のところどうなの？

本音がわかる！ 仕事がわかる！

中小企業診断士の「お仕事」と「正体」がよ〜くわかる本［第2版］

中小企業診断士 西條 由貴男 著

秀和システム

中小企業診断士ってどんな人？
中小企業診断士のイメージが変わる?!

中小企業診断士ってどんな仕事なのかわかりました。

（22歳　女性　大学生）

講師業を中小企業診断士の方がやるなんてこともあるんですね。

（41歳　男性　会社員）

なんでもやってしまう、そんな感じの方が多いのですね。

（32歳　女性　役員秘書）

こんなに難しい資格だと、はじめて知り、見直しました。

（54歳　男性　会社経営）

受験のためのコミュニティがあったり、診断士のネットワークに感心しました。

（26歳　女性　会社員）

プロローグ

10年間で受験者数増加！魅力ある中小企業診断士の世界

筆者が中小企業診断士に登録したのは2010年。その翌年2011年独立開業。そして2013年、「中小企業診断士の「お仕事」と「正体」がよ〜くわかる本」第1版を世に送り出した。

それから月日が流れ、2020年。筆者も合同会社ファインスコープを設立し法人化を果たし、創業10年を迎えることができた。一般的に、創業10年を迎えられる事業者は10％前後と言われ、筆者もその10人に1人に入ることができた。当時、何のバックボーンも準備期間もないまま独立し、周囲の先輩方に多大な心配をかけてしまった中、創業10年を迎えられたのは、キセキといっても過言ではないだろう。

そして中小企業診断士を含めた士業の世界も、この10年で大きく様変わりした。

筆者が受験生だったのは2009年。この年は、前年のサブプライムローン破綻やリーマンショックの影響で、日本も電気・自動車産業を皮切りに不況に陥り、「派遣切り」という言葉が生まれたのもこの年だ。社会的にはリストラという名の従業員削減が行われ（本来は事業再構築というポジティブな言葉）、「会社に頼れる時代は終わった」と囁かれていた。ゆえに「会社に頼らなくても良い武器＝士業資格取得」に人気が集まった。

その後、アベノミクスから始まった景気回復と反比例するかのように、士業の人気も下降していった。下の表の士業別受験者数を見てみると一目瞭然である。

２００９年と２０１９年を比較して、税理士、公認会計士、行政書士といった比較的メジャーな士業でも約４割減。弁理士においては約１／３にまで減っている。受験者数が多い社会保険労務士でも約２割減となっており、軒並み受験者数が減っているのだ。この背景には、「時間とお金をかけて難関資格を取得しても、高収入を得られる訳ではない」、「これらの資格は将来、ＡＩに取って代わられるので先細り」という噂があげられるだろう。

そんな士業逆風の最中、唯一受験者数が増えているのが中小企業診断士である。中小企業診断士も他士業同様、２０１０年をピークに徐々に受験者数は下降していったが、２０１５年に増加に転じ、２０１９年にはピーク時と同じ１万７０００人代に回復した。

本編でもお伝えするが、中小企業診断士には、その士業だけが従事

士業別毎の受験者数比較（2009年と2019年）

	2009年受験者数	2019年受験者数	増減
中小企業診断士	16,930	17,386	102.7%
社会保険労務士	47,568	38,428	80.8%
税理士	51,479	29,779	57.8%
公認会計士	17,371	10,563	60.8%
行政書士	67,348	39,821	59.1%
司法書士	26,774	13,683	51.1%
弁理士	9,517	3,488	36.7%
不動産鑑定士	2,835	1,767	62.3%

できる独占業務がない。それにもかかわらず、受験者数が増加しているのは、中小企業診断士には独占業務を超える魅力があるからと言えるだろう。そんな魅力ある中小企業診断士の世界を覗いてみよう。

タイプ別　中小企業診断士のスタイル

中小企業診断士は他の士業と違い専門分野がない。その代わりに、様々な分野に展開できる士業なのである。

では中小企業診断士には、どのようなキャリアプランがあるだろうか？

何でもすることができる中小企業診断士を、タイプ別に分けるのは難解だが、筆者の独自視点で6つのタイプに分けてみた。これらの6つの中から1つを選択というわけではなく、2つ、3つと重複している中小企業診断士も多い。

それでは、6つのタイプを見ていこう。

①経営コンサルタントとして独立

中小企業診断士といってイメージするのが、やはり独立経営コンサルタントであろう。

元々中小企業診断士は、経営資源の豊富な大企業を「強者」、経営資源に限界がある中小企業を「弱者」と定義され、その弱者の支援をするために生まれた。その後、平成11年に中小企業基本法が改正され、中小企業を「弱者」から「我が国経済のダイナミズムの源泉」として再定義され、これにより診断士の役割も「民間経営コンサルタントとして、中小企業を全社的視点で経営について診断・助言する」となった。中小企業も大企業と同程度の経営の視点を持ち、中小企業診断士はそれをサポートするためのスキルを持ちなさいと変わっていった。中小企業診断士の本来の姿は、やはり経営コンサルタントである。

中小企業診断士が経営コンサルタントとして独立している割合は、中小企業診断協会の「データでみる中小企業診断士」の最新のアンケート結果（以下、アンケート結果）（※）によると43・6％と徐々に増えてはいるものの他の士業と比べるとまだまだ少ない。独立に興味はあるものの「受注機会の確保が難しい」「収入が不安定、また低下する」など収入面の不安が大きいようだ。

さらに、経営コンサルタントは資格がなくてもできてしまうので、そんなライバルとも戦わなければならない。独立中小企業診断士を取り巻く環境は厳しい。

それでも、「気のあった人とだけ仕事ができる」「自分の裁量で仕事ができる」というメリットはサラリーマンでは味わいにくい。独立中小企業診断士の仲間も、「もうサラリーマンには、戻りたくない」という人が多い。リスクも大きいが、軌道にのればリターンも大きい。これが独立中小企業診断士の醍醐味であろう。

※一般社団法人中小企業診断協会（https://www.j-smeca.jp/contents/data_index.html）「データでみる中小企業診断士　2016年版」のデータより。

② コンサルティングファームで日々精進

「経営コンサルタントとして独立はしたいけど、まだ力不足で自信がない」そういう中小企業診断士も多い。そんな人におすすめなのがコンサルティングファームへの就職である。ところが、中小企業診断士全体から見てもコンサルティングファーム勤務は3・4％(※)と少数派だ。近年は人手不足の影響もあり、年齢的な有利不利は縮小されてきており、実績、実力があれば転職も可能だろう。知人の中小企業診断士も、合格後にコンサルティングファームに転職した。

コンサルティングファームにも「ボストン・コンサルティング・グループ」や「マッキンゼー」などの有名コンサルティングファームから、業種や業務を特化した少数精鋭のコンサルティングファームまである。コンサルティングファームで数年間実務を経験し、ノウハウを蓄積してから独立というのが理想型だ。

そんなバラ色のように聞こえるコンサルティングファームだが、仕事自体はかなりハードのようだ。友人の中小企業診断士も、大手外資系のコンサルティングファームで働いていたが、毎朝5時まで仕事ということが日常で、それがキツくて中小企業診断士合格後に独立した。近年は働き方改革関連法も施行され、このような無茶な勤務も是正されると思うが、ある程度のハードさは覚悟すべきだろう。

また結果がついて来ないと、「君はこの仕事に向いていないね」と事実上の戦力外通告をされることもある。実力主義の厳しい世界だ。今の厳しさを修行と捉えて、将来の独立の基礎にするというのが、コンサルティングファームでの生き方のようだ。

※一般社団法人中小企業診断協会(https://www.j-smeca.jp/contents/data_index.html)「データでみる中小企業診断士　2016年版」のデータより。

③公的機関で中小企業の支援

独立後のキャリアプランで根強い人気なのが、公的機関における中小企業支援である。

そもそも中小企業診断士のルーツをたどると、昭和27年の中小企業診断員登録制度に始まると言われる。この時代は戦後の爪あとが収まりつつあり、世の中に多くの中小企業が生まれた。その中小企業を支援するために生まれたのが、中小企業診断士の前身である中小企業診断員である。

この中小企業診断員は、ほとんどが公務員や公的機関の職員で、当時は試験もなく、資格というよりは肩書きの意味合いが強かったようだ。中小企業診断士の原点は、公務員や公的機関職員の肩書きだったようだ。現在は時代も変わり、公務員や公的機関に勤務している中小企業診断士は6・3％(※)の少数派である。

しかし、職員として勤務する以外にも公的機関との関わり方は複数ある。商工会議所などからスポット的に従事する専門家派遣から、ほぼフルタイムで従事するプロジェクトマネージャーなど様々で、これらには独立中小企業診断士が、業務委託の形で携わっている。さらに民間企業から商工会議所の職員などに転職する人もいる。そんな時にも、中小企業診断士を持っていると有利になる。

公的機関の仕事に「安定収入が確保できる」「公的機関と接点が持てる」「経歴書に箱がつく」などを求める人は多いだろう。確かにこれらのメリットは大きい。しかし、中小企業診断士が関わる公的機関の目的はあくまで「中小企業のお役に立つ」ことである。その目的を忘れてはいけない。

※一般社団法人中小企業診断協会(https://www.j-smeca.jp/contents/data_index.html)「データでみる中小企業診断士　2016年版」のデータより。

④企業内診断士として組織で活躍

独立せず、一般企業、金融機関、調査会社などで活躍する中小企業診断士が企業内診断士である。最新のアンケート結果では41・1％（※）が企業内診断士となっている。かつては、診断士の最大勢力だったが、最近は独立する中小企業診断士が増えていることもあり、少しずつ減少している。

中小企業診断士の知識はビジネススキルの集大成のようなものなので、企業内でも十分役に立つ。最新のアンケートの結果でも資格取得の理由は「経営全般の勉強等自己啓発、スキルアップを図ることができるから」が28・8％（※）と第1位になっている。業種では製造業、IT系、金融機関に取得者が多く、職種では、幅広い分野を網羅するため、経営企画室、営業、システムエンジニアなど活躍できる場面は幅広い。また新事業プロジェクトや社内ベンチャーなどにも、中小企業診断士の経営戦略策定プロセスは役に立つ。うまく活躍できれば、将来の経営幹部の道も夢ではない。筆者も、元々は企業内のプロジェクトで活躍し、将来の経営幹部を目指すために中小企業診断士を取得した。

その一方で、本業の多忙さにより、診断士取得しただけで終わる「ペーパー診断士」になるリスクもある。また、診断士資格の更新時に必要な実務ポイントが取得できず資格を失効させる診断士もいる。無理な独立はおすすめしないが、取得までの苦労を考えると「ペーパー診断士」や失効で終わってしまうのは勿体ない。令和に入って国も副業を推進する方向に舵を切った。企業内診断士も以前より診断士活動がしやすくなっているので、この機会を生かしてほしい。

※一般社団法人中小企業診断協会（https://www.j-smeca.jp/contents/data_index.html）「データでみる中小企業診断士　2016年版」のデータより。

⑤研修講師・セミナー講師になり一躍有名人

独立中小企業診断士の業務で、経営コンサルティングと双璧になるのが、この研修講師、セミナー講師業である。筆者も独立当初は、研修講師・セミナー講師業が事業の柱になっていた。

この話をすると「何で、中小企業診断士なのに講師をしているのですか?」と言われることも多いが、中小企業診断士と講師は意外と相性が良い。

例えば企業研修の場合、深い専門知識は必要としないことが多い。深い専門知識よりも幅広い知識を持つ中小企業診断士は、企業の様々な研修ニーズに対応できる相性が良いのである。

しかし、研修講師・セミナー講師は、診断士以外にも他士業、コーチ、キャリアカウンセラーなどもライバルになるため競争が激しい世界だ。

講師志望者の中には「好きなことを話すだけでお金をもらえるので、楽な仕事だ」という人もいるが、そんな甘い世界ではない。特に講師業を始めた直後は、実績が少ないこともあり仕事の依頼は少ない。さらに仕事の多くは、日程が確定した時点で「仮押さえ」の連絡がくるが「仮押さえ」はあくまで「仮」。その後のコンペに勝たないと仕事にならない。ところが、実績が少ない時代はコンペで負けることも多く、仕事量が少ない上にコンペ勝率も低く、仕事が不安定になりやすい。

人前に出ることが多いため、一見華やかに見えるが、現実は優勝劣敗が激しい世界である。講師を目指す人は、それをしっかり認識して取り組もう。

⑥経営者として自ら経営を行う

既に会社の経営者として活躍していながら、さらに経営スキルを学ぶというのがこのパターンである。

中小企業の経営者は現場叩き上げのタイプが多く、現場力は高いが経営的なことは苦手という人が多い。さらに中小企業の経営者はとても多忙である。経営者自ら営業し、製品開発に携わり、資金繰りの管理までしていることも普通にある。そのため先輩中小企業診断士から「中小企業の社長に会いに行く時は、約束の時間の1分前に訪問すること。早く着きすぎると、その分だけ忙しい社長の時間を奪うことになる」と指導された。そんな多忙な経営者が多い中、さらに経営スキルを学ぶ姿勢には頭が下がる。また大企業の関連会社の社長就任が決まったので、中小企業診断士を勉強したという経営者もいる。名称は中小企業だが、勉強の内容は大企業にも対応できるレベルなので、大企業系の経営者にも役に立つ。

さらに起業のために中小企業診断士を目指す人もいる。受験生時代に、「私は夫婦で花屋を始める経営知識を学ぶために、中小企業診断士の勉強を始めた」という人もいた。また現在は、スモールM&Aで事業を買い取り、自ら経営者になる診断士も出てきている。

人によっては、経営コンサルタントとしてアドバイスをするよりも、自分自身でビジネスをしたい人もいる。そういう人にも役に立つのが中小企業診断士なのである。

中小企業診断士は資格そのものに専門性がなく、独占業務もほとんどない。ゆえに、自由度は他の士業よりも高い。

一方で資格を取ったからといって、何かを保障してくれるものでもない。生かすも殺すも自分次第ということだ。

そんな、厳しさと可能性を持った診断士の世界について見ていこう。

Contents

第2章 中小企業診断士試験に合格したら〔駆け出し時代の第一歩〕

第3章 中小企業診断士の仕事［3大業務で何をする？］

第4章　中小企業診断士の支援テーマ　［どの分野で活躍するか？］

●注意
(1) 本書は著者が独自に調査した結果を出版したものです。
(2) 本書は内容について万全を期して作成いたしましたが、万一、ご不審な点や誤り、記載漏れなどお気付きの点がありましたら、出版元まで書面にてご連絡ください。
(3) 本書の内容に関して運用した結果の影響については、上記(2)項にかかわらず責任を負いかねます。あらかじめご了承ください。
(4) 本書の全部または一部について、出版元から文書による承諾を得ずに複製することは禁じられています。
(5) 商標
本書に記載されている会社名、商品名などは一般に各社の商標または登録商標です。

第1章
中小企業診断士になるためには？
[汗と涙の受験時代]

01 中小企業診断士の世界観

診断士を取り巻くマクロ環境

他の士業とはかなり違う業務領域

中小企業診断士(以降、診断士)と他の士業との最大の違いは「独占業務」が無いことである。独占業務とは、その資格を持っていないと行うことができない業務のことである。例えば「税務相談」「税務代理」「税務書類作成」は税理士の独占業務のため税理士以外の人が行ってはいけない。「労働保険や社会保険の手続きに係る書類作成・提出」は社会保険労務士の独占業務のため、社会保険労務士以外の人が行ってはいけない、といったことである。

唯一の診断士の独占業務として、産業廃棄物処理業者を対象とした産廃診断というものがあるが、この産廃診断、なかなか難しい世界のようで、普通の診断士は進出しにくい。ゆえに事実上、診断士の独占業務はない。

独占業務がないことは診断士の世界でも、「決して簡単な資格ではないのだから独占業務を作るべきだ」という人もいれば、「診断士は独占業務がないから、それぞれが創意工夫する習慣が身につき、それが診断士の発展につながっていく」という人もいて賛否両論である。筆者の個人的意見としては、取得するのも難しい資格なので、何かしらあってほしいとは思うが…。

その一方で独占業務がないゆえのメリットもある。それは協会(※1)への入会が任意なことと、協会の入会金や会費が、他の士業に比べて安いことである。独占業務の有無と、協会へ

※1　士業の世界には診断士なら中小企業診断協会、税理士なら日本税理士会連合会などの協会があり、多くは入会が義務になっている。

の入会の義務が関係あるのかと思うかもしれないが、筆者は協会への会費は、独占業務を守るための維持費と考えている。

飲み会などで、独占業務のある他の士業と会費の是非を話すことがある。すると「高い会費を支払っているのに、うちの協会は何もしてくれない」と愚痴る士業もいる。しかし、独占業務は権利であり、その権利を守り続けるにはコストがかかる。独占業務を使ってビジネスをする士業は、会費負担はやむを得ないだろう。この独占業務に一喜一憂されないことも診断士の特徴のひとつである。

どんな人が多いのか？

中小企業診断協会が5年に1回のペースでアンケート（※2）を採っているので、それを中心に解説しよう。

まず年齢構成。50歳代が一番多く約29・1％、続いて60歳代で25・6％、そして40歳代22・9％へと続いている。5年前のアンケートでは第2位は40歳代だったので、診断士業界も着実に高齢化の波が押し寄せているようだ。また、資格の特性が経営コンサルタントであることも要因のひとつだろう。海千山千の経営者に対し、同じ経営アドバイスをしても、20歳代の診断士と50歳代の診断士とでは、やはり言葉の重みが違う。公認会計士や司法書士は大学生時代に取得する人も多いが、診断士の場合は、大学生が受験することは稀である。

男女比は2019年の2次試験合格者を見ると、男性の比率が91・2％と圧倒的に男性が多い。着実に女性診断士も増えてきているが、、まだまだ男性社会である。では女性の活躍の場

※2　一般社団法人中小企業診断協会（https://www.j-smeca.jp/contents/data_index.html）「データでみる中小企業診断士2016年版」のデータより。

は少ないかというと、これは違う。女性向けの飲食店や婦人向けアパレル業など、女性の視点を必要とするコンサルティング需要は多い。

また経営者にも年配の男性が多く、女性診断士はそういう経営者から可愛がられやすい。同性である男性診断士から問題点を指摘されてカチンとくる言葉でも、女性診断士から指摘されると、自分の娘から言われている気分になるためカチンとなりにくい、というのが理由のようだ。女性が少ないがゆえに、活躍の場が多いというのも診断士の特徴だろう。

最新のアンケート集計(※3)によると、職業では、独立系が47・0%と5年前より6・3%増加、会社や公的機関などの組織勤めが47・4%とこちらは5年前より5・9%減少、その他が5・6%となっている。他の士業と比べると独立開業率は高いとは言えないが、ついに独立診断士が企業内診断士に追いついてきた。

この独立系には、税理士や社会保険労務士などの他の士業との兼業も含まれるため、純粋に診断士のみでの独立となると24・0%と0・9%増に留まった。まだまだ診断士の資格だけでの独立に躊躇するケースは多いようだ。

※3　一般社団法人中小企業診断協会(https://www.j-smeca.jp/contents/data_index.html)「データでみる中小企業診断士2016年版」のデータより。

02

中小企業診断士試験ってどんなもの?

試験から登録へのドリームジャーニー

診断士試験の流れは、まずマークシート方式の1次試験、筆記の2次試験、面談方式の口述試験、そして試験ではないが診断士登録をするための実務補習という体系になっている。まず1次試験がどのようなものか見ていこう。

スタミナ&物量戦の1次試験

1次試験は「経済学・経済政策」「財務・会計」「運営管理」「企業経営理論」「経営法務」「経営情報システム」「中小企業経営・政策」の7科目を2日間かけて実施される。1日目は「経済学・経済政策」と「財務・会計」が各60分、「企業経営理論」と「運営管理」が各90分の4科目、2日目が「経営法務」、「経営情報システム」が各60分、「中小企業経営・政策」が90分の3科目で行われる。この説明でお気づきと思うが、ボリューム的にかなりハードである。合格率は20%前後である。

科目をみるとコンピュータ、簿記、法律と多岐にわたっており、幅広い知識が求められる。そのバラバラな知識を必要とする試験を丸2日かけて行うので、7科目をすべて受験した後の帰り道はぐったりしてしまう。スタミナも要求される試験だ。

さて1次試験の合格ラインは、1科目100点満点で7科目の合計が420点以上である。単純に割ると1科目60点以上取れば合格である。ただし、もう1つ条件がある。それは、40点未満の科目がないことである。例えば7科目がオール60点なら420点で合格だが、7科目のうち6科目が100点で1科目が39点だった場合、合計は639点だが、40点未満があるので不合格になってしまう。

ゆえに、1次試験突破の鍵は苦手科目を作らないことである。筆者の同期受験生で、1次の模擬試験ではいつも合計で460点以上取る優秀な人がいたが、コンピュータが大の苦手で、本番の1次試験では「経営情報システム」が40点未満で涙をのんでいた。1次試験合格を見越した2次試験対策も好成績を収めており、「経営情報システム」さえ攻略できれば、と言われていた。苦手科目を作らないことの重要性を改めて思い知らされた。

受験勉強中は、つい苦手科目を遠ざ

保険受験とは

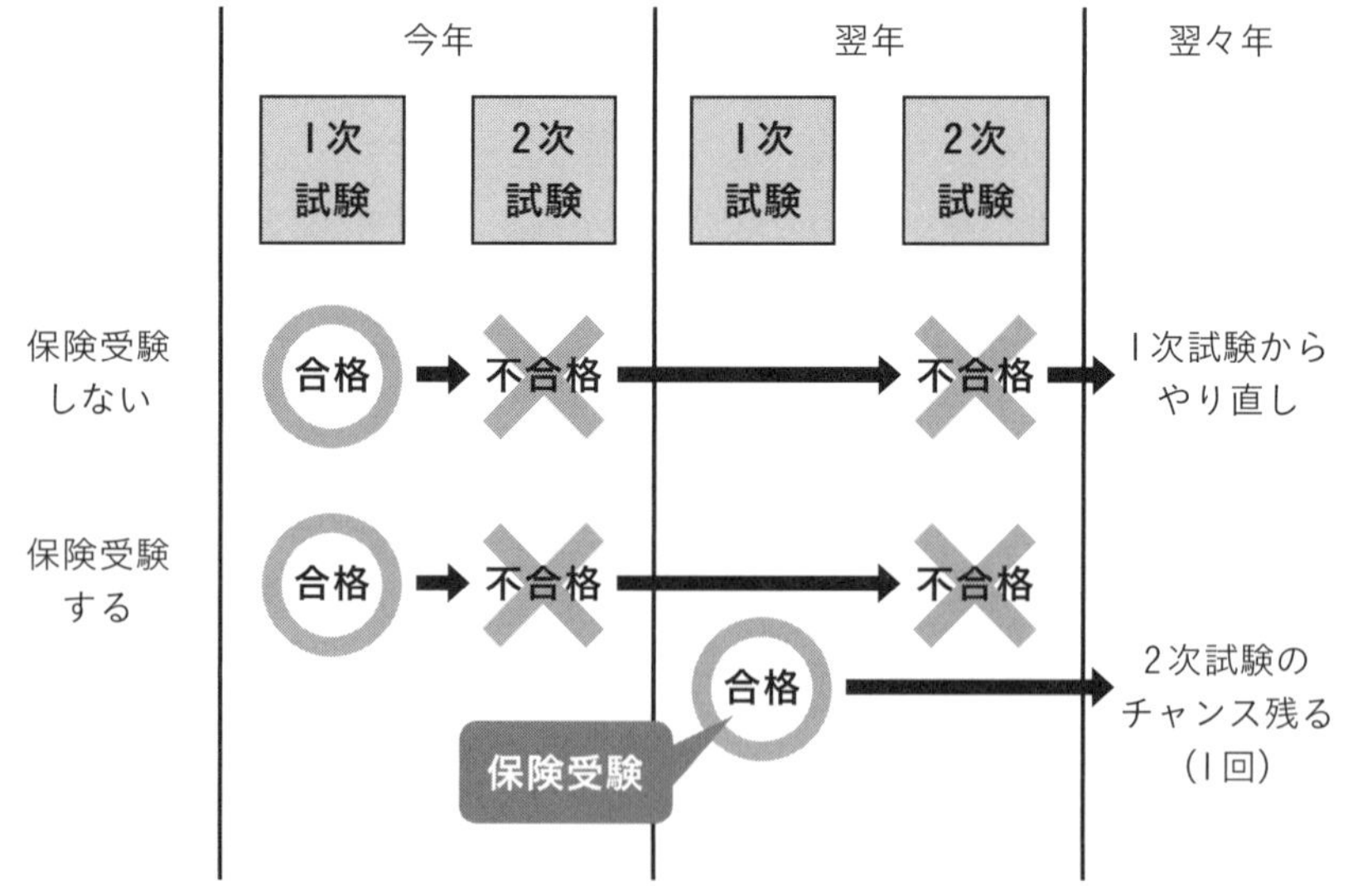

け、得意科目に手をつけてしまうこともあるが、苦手科目から逃げずに克服することが、最初の難関突破の秘訣になる。

保険受験をどうするか？

1次試験に合格すると2次試験受験の権利を得られる。しかも1回の合格で、同じ年の2次試験とその翌年の2次試験の2回チャンスがもらえる。チャンスが2回あるのは嬉しい制度だが、その2回の2次試験で合格できないと、残念ながら1次試験からやり直しになる。そのため1回目の2次試験が不合格だった時に決断を迫られるのが「保険受験」である。

1次試験は2次試験の権利が残っていても受けることができる。ゆえに2次試験の権利があるうちに翌年の2次試験の権利を確保しておこうというのが「保険受験」である。

「保険受験」をしなければ、2次試験対策に集中できる反面、不合格の場合、イチからやり直しになるため精神的プレッシャーは大きい。「保険受験」をして1次試験合格すれば、さらに翌年の2次試験の権利ができるので、その年の2次試験の精神負担が軽くなる。反面、1次試験と2次試験の勉強を並行しなければならずパワーが分散される。しかも受験料も1万3000円（2020年実績）かかり、合格しても与えられるチャンスは1回になる。

どちらが良いかは一概に言えないが、プレッシャーに強いのであれば保険受験しない。プレッシャーに弱いなら保険受験をする、というのが筆者の見解だ。参考までに筆者はプレッシャーに弱いので保険受験をしている（汗）。

大いに悩む、科目合格戦略

平成18年から1次試験に科目合格制が導入された。科目合格制というと税理士試験を思い出す人もいると思うが、税理士試験の科目合格制とは様相が違う。

1次試験が不合格だった場合、60点以上の科目は科目合格となる。科目合格した科目は、最大で3年間免除申請ができる(免除申請しなくてもよい)。3年以内に7科目すべて科目合格すればビンゴとなる。

これだけ聞くと「受験しやすくなった」と思うかもしれない。ところが、そんなに簡単にいかないのが診断士の科目合格制である。免除申請した科目は60点として換算される。4科目科目合格していれば、残りの3科目で180点以上取れば合格になる(かつ40点未満がない)。ではもし、残りの3科目が苦手科目だったらどうだろうか。7科目受験の場合は、得意科目で80点取れれば、苦手科目が40点でも平均60点になる。ところが得意科目を科目合格し免除申請してしまうと、強制的に60点に換算されてしまうので、苦手科目を補うことができなくなる。

第1次試験科目合格率

(単位%)

科目	平成27年	平成28年	平成29年	平成30年	令和1年	5年間平均
経済学・経済政策	15.5%	29.6%	23.4%	26.4%	25.8%	24.1%
財務・会計	36.9%	21.6%	25.7%	7.3%	16.3%	21.6%
企業経営理論	16.7%	29.6%	9.0%	7.1%	10.8%	14.6%
運営管理	20.5%	11.8%	3.1%	25.8%	22.8%	16.8%
経営法務	11.4%	6.3%	8.4%	5.1%	10.1%	8.3%
経営情報システム	6.4%	8.5%	26.6%	22.9%	26.6%	18.2%
中小企業経営・中小企業政策	12.2%	12.5%	10.9%	23.0%	5.6%	12.8%

出所：中小企業診断協会HPの各年度の第1次試験について統計資料をもとに計算

また得意科目だから点稼ぎしようと思い免除せず受験して、万が一、40点未満になってしまったら目もあてられない。これが受験生を大いに悩ますのである。

この科目合格の免除申請をどうするかが、科目合格戦略である。第一の基準は、自分自身の「得意・不得意」になるが、それだけでは決めにくい。筆者は「得意・不得意」に加えて、「科目合格率」「2次試験との関連性」「科目特性」の3つの視点からの判断をすすめる。

まず「科目別の合格率」。一番わかりやすい判断基準である。過去5年間の合格率を見ると「経営法務」が8%台と抜きんでて低い。

次が「2次試験との関連性」。同じ年に1次試験と2次試験を受験する場合は、2次試験との関連が薄い科目は免除した方が効率的に勉強できる。「経済学・経済政策」「経営法務」「中小企業経営・中小企業政策」は2次試験との関連が薄いので、科目合格していたら免除しよう。

最後が「科目特性」。「中小企業経営・中小企業政策」は問題の半分は、中小企業庁が毎年発行する「中小企業白書」の前年度版を中心に出題される。前年度版から出題されるということはそれ以前に勉強した知識は試験には出題されないため、過去の勉強の多くが役に立たなくなる。ゆえに、「中小企業経営・中小企業政策」は科目合格していたら免除しよう。

これは前述した、1次試験の「保険受験」にも関係する。精神的に余裕のある「保険受験」の時には、「経済学・経済政策」「中小企業経営・中小企業政策」「経営法務」の3科目を保険受験し科目合格を狙おう。ただし、「中小企業経営・中小企業政策」はその年の2次試験に集中するために「保険受験」はせずにパスする方法もある。平成29年〜令和1年の「企業経営理論」の科目合格率が低いのは気になるが、2次試験との関連の高い「企業経営理論」「運営管理」「財務・会計」「経営情報システム」を残しておけば、その年の2次試験が残念な結果だったとしても、翌年に効率良く勉強ができる。

もしかすると、この科目合格の戦略を考えさせるのも、診断士の戦略性を問うカリキュラムなのかもしれない。

ここがメインイベントの2次試験

中小企業診断士試験の最大の山場は2次試験の筆記試験である。1次試験が8月の上旬に開催され、その約4週間後に合格発表。さらに7週間後が2次試験の受験日というのが大筋のスケジュールである。

初めて診断士の受験をする人が、1次試験の合格発表を見て「やったー、合格だ！　これから2次試験の勉強をするぞ！」と言っていたら手遅れである。7週間の勉強で合格できるほど、2次試験は簡単ではない。1次試験の受験前から2次試験を見越して勉強をするのがセオリーである。1次試験終了の翌日には、解答が中小企業診断協会のホームページで発表される。1次試験の問題は持ち帰り可なので、問題にどれにマークしたかチェックをして、自己採点できるようにしておこう。合格ラインを突破していたら1日だけ休んで、その次の日から2次試験の勉強を始める。1次試験から2次試験までは11週間しかないので、ロスタイムは極力減らそう。

もし合格ラインに届いていなかったらどうするか？　その差が10点以下だったら、合格したことを前提に2次試験の勉強を始めよう。試験の難易度が高すぎた場合、点数の調整が行われることがあり、実際、平成30年の「経営法務」は極端に難しかったらしく、全員に8点加点という調整が行われた。また、没問（※1）や転記違いということももちろんある。諦めるのは、1次試験の合格発表後でも遅くはない。

2次試験は、「組織人事」、「マーケティング」、「生産管理」、「財務会計」の各80分の4科目で実施される。合格ラインは中小企業診断協会からは「総得点の平均が60点以上であって、1科目でも40点未満がないこと」と発表されているが、実態は上位数百名が合格する選抜試験と言われている。合格者数は800名から950名の間が多いが、平成24年、平成26年、令和元年は1000人を超える合格者が出ている。

試験は、B5用紙2ページ半ほどに企業概要が書かれている与件文を読み、「問題点は何か？」「どのように改善すべきか」といった経営戦略の設問の答えを、方眼状の解答用紙に記述していく形になる。パッと見たところ、学生時代の現代文のテストに似ている。2ページ半ほどの企業概要だけで、その企業の経営戦略を導き出すには、かなりのテクニックが必要で、米国MBAを取得した人が診断士2次試験を受験して、「たったこれだけの情報から、経営戦略を考えるなんて、中小企業診断士をなめちゃいけない」と言っていたほどだ。

また2次試験は、診断協会からの解答の発表がない。つまり何が絶対的に正しい正解かがわからない試験なのである。そのため資格受験校は、受験生からの再現答案を集めて傾向を読み取ったり、講師が英知を絞って考えたりして、ベターな模範解答を模索している。

筆者はこの解答のない2次試験を、1980年代に放映されていた「クイズ100人に聞きました（※2）」のようなものと考えている。つまり、誰もが一番答えそうな解答をたくさん答

※1　没収問題の略で、想定した解答以外の複数の選択肢が発生してしまう問題のこと。診断士試験でも時々発生し、全員正解などの調整が行われている。

※2　1979年から1992年までTBSで放送されていた、100人に対して行ったアンケートを問題として、その結果を答えるというクイズ番組。司会である関口宏の「〇〇100人に聞きました、答えは〇つ」というフレーズは有名だった。

えた人が合格する試験なのである。実際の経営コンサルティングでは、誰もが思いつかない差別化した戦略を生み出していくが、2次試験では誰もが思いつかない解答をしてしまうとまず不合格になる。

経営コンサルティングの経験や実績のある人ほど、差別化した解答をしがちだが、それをグッと抑えてオーソドックスな解答を心がけることがポイントである。

口述試験と実務補習

2次試験の筆記を合格すると待っているのが口述試験である。正しくは口述試験と筆記試験を合わせて2次試験と呼ぶが、試験の特性が違いすぎるため、診断士仲間の間では「2次試験(筆記)＝2次試験」「2次試験(口述)＝口述試験」と呼ばれることが多く、本書でもこの切り口で説明する。

口述試験は中小企業診断士として、経営者としっかり話ができるかどうかを確認するためのもので落とす試験ではない。そのため毎年、2人ぐらいしか不合格になっていない。とは言え、合格率100%ではないので、準備ゼロで挑むのはリスクがある。

口述試験は、3人の試験官が2次試験の内容にちなんだ質問をして、それに答えるという試験というよりは、面接のような雰囲気である。試験官にも役割があるらしく、温和で優しく話しかける人、無表情で威圧する人、その中間の人、という組み合わせが多いらしく、筆者の時もこの組み合わせだった。

質問は4つというのが基本で、時間は10分程度。2次試験を突破した受験生なら、決して難しい問題はない。多少、的外れな回答をしても、試験官が助け舟の質問をしてくれる。それでも答えられない時には、質問自体も変えてくれる。同期の受験生は、うまく答えられず7つもの質問を受けたが、それでも合格しているので、とにかく舞い上がらないことを心がけよう。

口述試験を不合格になった人のパターンは、口述試験そのものを受けなかったか、まったく話ができなかったかのどちらかになる。平成14年に「デファクトスタンダード(※3)について例を挙げて説明せよ」と質問されて、デファクトスタンダードの具体例が答えられず10名以上の不合格者を出したことがあったが、この年だけが例外。

まずは遅刻しないように、時間には余裕を持って行動しよう。難関2次試験を突破して、最後の口述試験を寝坊して不合格では泣くに泣けない。

試験本番中は、とにかく沈黙だけは避けよう。何も話せなければ、試験官も点数のつけようもないし、助け舟の出しようもない。受験生同士で口述試験を想定して質問をしあったり、資格受験校が開催する口述対策セミナーを受けたりと、しっかりした準備をしておこう。しっかり準備をすれば間違いなく合格できる。

口述試験も無事クリアすると、正式に中小企業診断士試験に合格したことになる。しかしこれだけでは、中小企業診断士になれたわけではない。最後にあるのが実務補習である。

中小企業診断士として正式に登録するには、合格後、3年以内に実務補習(もしくは実務従事)を15日以上受けなければならない。多くの合格者は、診断協会が用意した実務補習を受けることになるが、サラリーマンの場合ここでネックになるのが「休み」である。

昔の実務補習はすべて平日だったようだが、今は土日も混ざっておりサラリーマンでも受

※3　市場の実勢により、事実上の標準とみなされるようになった製品規格や製品そのもの。家庭用ビデオの「VHS」やパソコンOSの「Windows」など。口述試験で、このデファクトスタンダードの具体例を答えられず涙をのんだ受験生が発生した。

けやすくなった。それでも全てが土日ということはまずないので、何日かは有給休暇などを使い、休みをとる必要がある。しかも実務補習以外の日も、診断報告書作りなどで時間はかなり取られるため、会社の仕事との並行が鍵になる。

会社が診断士取得に理解があれば良いが、そういう会社ばかりでもないのが現実。知人は合格後、なかなか実務補習が受けられず、登録までに2年以上かかった。実務補習のために会社を休めるかが、診断士になる最後の難関かもしれない。

03 どうやって勉強するか？

スタート前の環境設定

合格までの年数とスケジュールは？

2次試験合格をゴールとした場合、2〜3年というのが多いようだ。

診断士の1次試験は8月上旬に実施されるので、そこから逆算して9月頃から始める人が多く、資格受験校のカリキュラムも9月頃からのスタートが多い。

大方の年間スケジュールは、9月から年明けの2月ぐらいまで2次試験と関連性の高い「企業経営理論」「運営管理」「財務・会計」「経営情報システム」を勉強。3月から5月までは、残りの「経営法務」「経済学・経済政策」「中小企業経営・中小企業政策」を勉強しつつ、2次試験対策も並行する。1次試験から2次試験までは11週間しかないので、この時期に先行して2次試験の勉強をしてアドバンテージを取る。そのために、先に2次試験と関連性の高い科目の勉強をしておくのだ。6月から7月は1次試験の追い込み、8月に1次試験受験。

1次試験が終わったら、合否結果を待たずに2次試験対策に入る。受験1年目は特に2次試験の勉強量が不足するので、ここがムチの入れどころ。1次試験に合格していたら、一気に加速して、そのまま10月下旬の2次試験に突入する。

2次試験が終わったら、合格発表まで休養を取る。ここまでかなり無理をしているはずなので、頑張った自分へのご褒美と思って受験仲間と一緒に飲みにでも行こう。

首尾よく2次試験に合格していたら、ここから口述試験対策。口述試験は、合格発表を見てからでも十分間に合う。

しかし、2次試験は、2〜4年2次試験の勉強をしている受験生との戦いのため、多くの場合は1年目の2次試験では不合格になる。2次試験対策の勉強時間が少ない1年目はやはり不利。1年目の不合格は想定の範囲内と考えて、早々に気持ちを切り替えよう。

そして、年明け1月から2次試験の勉強に入り、10月の試験日まで2次対策に集中。その間に1次試験の「保険受験」をするも、また良しである。

あとはそのサイクルを繰り返し、2〜3年で合格するのがパターンである。1次試験は比較的計算が立ちやすいが、2次試験は知識量だけではなく感覚的な要素も必要であり、いかに早くその感覚をつかめるかが、早期合格の鍵になる。

資格受験校に行く？　行かない？

「よし、中小企業診断士を目指すぞ！」と思った時に、最初に考えるのが、資格受験校に通うか？　独学か？　である。

資格受験校に通う場合、まず気になるのが受講料だろう。初学者が資格受験校に通う場合、1次試験と2次試験の対策がセットになっているコースに通うのが一般的。コスト的に20〜30万円かかり、決して安くはない金額である。しかも、セットになっているからといって、1次試験合格の保証がされているわけではない。筆者の同期受験生も、1次試験と2次試験がセットのコースを申し込んだが、残念ながら1次試験が不合格。失意の中で2次試験の勉強をするものの、モチベーションが上がらず、結局講座そのものに来なくなってしまった。

そんなリスクとコストを考えると、独学の方が良いかと思うかもしれない。でも筆者は受験校への通学をすすめる。なぜなら、資格受験校に通うことで、知識や受験テクニックの他に、人脈も手に入れることができるからだ。

特に大きな人脈は、講師との人脈である。診断士講座の講師はほとんどが診断士である。晴れて2次試験に合格し、これから診断士として活動するぞ、と思った時の水先案内人になってくれる。診断士講座講師の多くは、独立1〜5年の若手、中堅が多いが、中には大きな力を持っているベテラン講師もいる。最近はインターネットを使った通信講座もでてきているが、通信講座の場合、この人脈づくりがしにくい。

多くの大手資格受験校には、振替制度がある。振替制度とは、例えば渋谷の教室に申し込んだとしても、新宿や横浜など、別の教室でも受講できるシステムである。振替制度の本来の目的は、受講生の仕事や家庭の都合に柔軟に対応するためのものだが、多くの受講生は自分と相性の合う講師探しに使っている。そのため、人気講師には100人以上の受講生が集まり、そうでない講師には1桁の受講生しか集まらないこともある。講師側から見るとシビアなシステムだが、受講生はこのシステムを最大限に活用して、受験対策から合格後まで付き合える自分にあった講師を見つけよう。

その一方で気をつけなければならない点もある。筆者の経験でこんな話がある。受験生時代にある1次試験講座を受けたが、その講師は明らかに準備不足。内容もわかりにくく、質問の答えも腑に落ちない。あまりの講座の質の低さに、受講後のアンケートにかなり厳しいことを書いて事務局に渡した。それから数年たったある日、偶然その講師と診断協会でイベント企画を一緒にすることになったのだ。もちろんその講師は筆者の先輩診断士である。このバツの悪さは説明するまでもないだろう。思い切ってこちらから挨拶に行くと、受験生の時のことを覚えており「私が講師の時には、ご迷惑かけてごめんなさい」と逆に謝られた。

その後の関係は良好になったが、受験生時代にあったことが、思わぬところで影響することもある。診断士としての人生は合格してから始まるのではなく、受験生時代から既に始まっているのである。

勉強会を活用しよう

診断士受験の特徴として、活発な勉強会がある。1次試験は知識を問われる試験なので、勉強も自己完結できる。しかし2次試験は、受験生の多くが答える解答を書いた人が合格すると言われる試験である。そのため自分以外の解答を見ることが重要になり、多くのところで勉強会が立ち上がるのだ。

勉強会を大きく分類すると、診断士講座の有志の仲間で立ち上げるタイプ、受験教室が主体となって運営するタイプ、勉強会自体が独立して運営するタイプの3つに分かれる。

有志の仲間で立ち上げるタイプは、元々気があった仲間で立ち上げることが多いので、気兼ねなく参加できる。反面、全員一斉に合格できれば良いが、ほとんどの場合、合格者と不合格者が混在するため、合格者が勉強会から抜けることで、勉強会そのものが自然消滅してしまうこともある。すると不合格者は自力で次の勉強会を探さなければならない。

受験教室が主体のタイプは、運営が安定しており、不合格でもそのままその勉強会に留まることができる。しかし多くの場合、その受験教室の講座受講が前提になっているため、誰もが参加できるわけではない。

勉強会が独立運営するタイプは、受験教室が主体のタイプと同様に運営が安定しており、参加資格も自由なことが多い。一方で、運営はその勉強会の卒業生、つまり合格者によるボランティアであることが多いため、合格後に勉強会運営のボランティアを義務付けられることがある。そのボランティアが窮屈という人には向かないだろう。

数ある勉強会から、タキプロ(https://www.takipro.com/)にお話をうかがった。タキプロは、筆者の同期診断士が立ち上げた勉強会で、2020年で11年目になる。2019年は113名の合格者が参加しており、同年の2次試験合格者が1088名なので、活動の濃淡はあるものの、約10人に1人がタキプロに所属していたということになる。現在は東京近郊のみならず、関西圏や名古屋にも活動を拡大している。メンバーには海外からの参加者もいるということで、おそらく日本最大の診断士勉強会であろう。

では実際にどのような活動をしているのだろうか。

「大きく、勉強会、WEB勉強会(フェイスブック上のグループ)、セミナー、ブログの活動をしています。勉強会では、前年の合格者がファシリテーター役になり、2次試験の過去問を解き、受験生同士で気づきやアドバイスを共有しています。セミナーでは前年度の合格者がそれぞれのノウハウを持ち寄り、受験生にレクチャーしています」

タキプロでは前年度の合格者が翌年の受験生支援をおこなっている。他の勉強会では、特定の人が複数年にわたり受験生支援を行っていることもあるが、タキプロでは毎年代替わりがあるので、最新の経験やノウハウを伝えられることが特徴のひとつになっている。そのタキプロでも、2020年は転機の年になった。

「これまで勉強会は、区民館や公民館といった公共施設を借りていましたが、新型コロナウイルスの影響で、閉館されてしまいました。集まること自体の感染リスクを考慮して、タキプロ史上初のオンライン勉強会の開催にいたりました。当初は受験生・メンバーのITリテラシーや通信環境に依存した状況などに不安がありましたが、大きなトラブルもなく運営できています」

世界を震撼させた新型コロナウイルスは、診断士勉強会にも大きな影響を落としていたようだ。

ところが、その新型コロナウイルスの影響は、勉強会に予期せぬ展開も生み出している。

「これまでタキプロのオフラインでの活動は、東京、大阪、名古屋と大都市に限定されてきました。しかし、オンライン勉強会を実施したことで、北は北海道、南は九州と全国の受験生が参加されました。セミナーもオンラインにしたことで、全国から参加者が集まっています」

筆者の受験生時代も、地方には診断士受験校も勉強会もなかったため、遠く熊本から東京まで通っていた人もいた。地方で診断士を目指す人たちにとっては、このオンライン勉強会は朗報と言えるだろう。さらにオンラインのおかげで、これまで個々に活動をしていた東京近郊、関西圏、名古屋地区のメンバーとの連携も図れるようになっている。怪我の功名とは、まさにこのことだろう。

最後に今後目指していく方向性を聞いてみた。

「現在でもタキプロ卒業生による「スキルアップ定例会」や、歴代メンバーを集めた「タキプロ総会」を通じて、人的交流やスキル向上を図っています。600名近いメンバーが所属している中で、個々人の間で案件の紹介なども行われているようです。今後は、タキプロ卒業生によるプロジェクトを立ち上げ、案件を融通し、仕事につながる仕組みも作っていきたいですね」

仕事上でのつながりはまだこれからのようだが、勉強会の歴史が続いていけば、やがて仕事上のつながりもより強固なものとして構築されていくだろう。

タキプロの理念は「診断士を目指す方の合格確率を1%でも高める」。この理念は、11年前と変わらず代々受け継がれている。診断士受験生にとって、受験時代も合格後も、心強い存在になってくれることだろう。

確実に診断士を目指す、養成課程と登録養成課程

診断士になるもうひとつの方法に、養成課程または登録養成課程の受講がある。運転免許に例えると、診断士試験を受けて診断士を目指す方法は、運転免許試験場での一発試験、養成課程や登録養成課程を受けて目指す方法は、自動車教習所といったところだ。養成課程を受ければ、高い確率で診断士になれる(もちろん、100%ではない)。

養成課程は、独立行政法人中小企業基盤整備機構が設置する中小企業大学校で実施され

る。中小企業大学校は2020年現在、全国で9校あるが、養成課程は東京校のみで実施される。場所が東大和市と交通の便はイマイチだが、格安で泊まれる寮が併設されている。

カリキュラムは10月から約6ヶ月間、平日の日中をみっちり使い授業を行う。授業以外にも資料作りなどに、週末や夜間を費やすため、かなりハードなようだ。そのため、会社員が養成課程を受けることは、会社の業務命令でない限り難しいだろう。

一方、登録養成課程は、経済産業大臣に登録された大学校などが実施する。実施機関は全国で13ヶ所(2020年時点)あり、診断士仲間では法政大学が有名である。養成課程が中小企業診断士養成のための専門講座の色合いが強いのに対し、登録養成課程は元々設置されているMBA養成コースのオプション的な色合いが強いところが多い(養成機関によって違う)。期間も大学系では2年というところが多く、養成課程よりも長くなっている。

養成課程や登録養成課程は、以前は誰でも申し込みができたが、現在は1次試験の合格者のみとなっている。しかも申し込みができるのは、合格した年とその翌年までとなっており、このあたりは2次試験の受験権利と同じである。さらに書類審査や面接審査を実施する機関もあり、必ずしも受講できるわけではないので注意しよう。

気になる費用だが、200万〜300万円が多い。資格受験校の2次試験対策講座の受講料は20万円前後が多く、それを考えるとかなり高価である。

早期退職制度を使って退職し、お金と時間に余裕があり、時間をかけずに確実に診断士を取得し、次のライフプランに移りたいという人には、半年で取得できる養成課程はおすすめだ。ただし、養成課程は人気が高く、気がついたら募集終了になっていたということもあるため、受講を決めたらすぐ申し込みをしよう。

また養成課程や登録養成課程を経て診断士になった人は、1年目は肩身の狭い思いをするらしい。診断士の多くは2次試験を経て合格しており、1年目診断士同士の話題の中心は、やはり2次試験。養成課程から診断士になった人は、受験経験がないためこの話題についていけない。さらに受験経験がないがゆえに、1年目診断士が携わりやすい診断士受験の仕事にも関わりにくい。

また養成課程組を「裏口入学」などと、心ないことをいう人も中にはいる。しかし、こんなことは気にする必要はない。これが続くのは、精々1年目の前半まで。そこから先は、誰が受験組で誰が養成課程組かなどは話題にも出ないし、仕事を依頼する判断材料にもならない。養成課程だろうが受験だろうが、診断士であることにはかわりはないのだ。堂々と胸を張っていこう。

04 さあ勉強を始めよう！

合格へのワインディングロード

勉強計画はしっかり立てよう

受験勉強を考える時に、質と量のどちらが重要か、という話題がよく出る。筆者は量が重要と断言する。質は、量を確保してから高めるものであり、はじめから質にこだわるのは「楽をしたい」ことの裏返しである。苦しさの向こうに栄光は見えてくる。

ではどの位の勉強時間を確保すれば良いか？　合格者の勉強時間のボリュームエリアは、年間で600〜800時間と言われている。合格までの年数が2〜3年が多いことを考えると診断士合格までに必要な勉強時間は1500〜2000時間が標準になるだろう。

合格者の多くは、何かの形で予実管理（※1）を行っている。予実管理をしない成り行き学習になると、結果として日常業務の忙しさにかまけて、思いのほか勉強時間が取れないこともある。そのため、筆者は学習時間の予実管理をすすめる。

管理方法は人それぞれだが、ここでは筆者が実践した予実管理方法を紹介しよう。

まずトータルの目標時間を決める。先に説明した合格者の年間勉強時間から、600〜800時間の間で決めると良いだろう。ちなみに筆者は2年目、どうしても合格したかったので、1000時間という目標を立てた。会社に行きながら勉強しようと思っている人には、1000時間と聞いて、突拍子もない数字に感じたかもしれない。ゆえにこの目標数値を分解して計画を立てていく。

1年間の勉強期間に勉強しない週も換算すると、だいたい50週間になる。すると1000時間÷50週間＝週20時間。勉強期間の前半と後半では、当然後半の方が多くなるので、前半の25週間が18時間、後半の25週間が22時間と割り振る。これで大日程ができる。

大日程ができたら、1週間単位の日程を考える。資格受験校に通うと、だいたい週1回6時間の授業があるので、前半の25週間は、1日資格受験校に通い6時間。残りの6日を自習2時間で18時間達成。後半の25週間は、6日間の自習のうち1日を2時間から6時間に増や

※1　「予算」と「実績」を比較する管理手法のこと。差異が発生した場合はその原因を調べて対策を検討する。診断士の勉強の場合は「予定」と「実績」の管理になる。

筆者の受験予実管理表

日付	曜日	計画		実績			差	内容
		日計	累計	講座	自習	累計		
2009/9/24	木	2.0	900.0		2.0	912.0	12.0	問題集(Ⅳ)
2009/9/25	金	2.0	902.0		0.0	912.0	10.0	
2009/9/26	土	6.0	908.0	6.5	2.0	920.5	12.5	受験校(ⅢⅣ)
2009/9/27	日	6.0	914.0		1.0	921.5	7.5	復習
2009/9/28	月	2.0	916.0		2.0	923.5	7.5	問題(Ⅰ)
2009/9/29	火	2.0	918.0		3.0	926.5	8.5	問題(Ⅰ)問題集(Ⅱ)
2009/9/30	水	2.0	920.0		2.5	929.0	9.0	問題集(Ⅲ)
2009/10/1	木	2.0	922.0		2.5	931.5	9.5	問題集問題(Ⅲ)
2009/10/2	金	2.0	924.0		2.5	934.0	10.0	問題集(Ⅳ)
2009/10/3	土	6.0	930.0		9.0	943.0	13.0	答練再(ⅠⅢⅣ)
2009/10/4	日	6.0	936.0		5.0	948.0	12.0	答練再(ⅡⅢ)
2009/10/5	月	2.0	938.0		3.5	951.5	13.5	答練再(Ⅱ)
2009/10/6	火	2.0	940.0		4.0	955.5	15.5	答練再(ⅢⅣ)、問題集(Ⅰ)
2009/10/7	水	2.0	942.0		3.5	959.0	17.0	答練(Ⅲ)、模試復習(Ⅳ)
2009/10/8	木	2.0	944.0		2.5	961.5	17.5	問題集(Ⅳ)
2009/10/9	金	2.0	946.0		1.5	963.0	17.0	答練再(Ⅱ)
2009/10/10	土	6.0	952.0		7.0	970.0	18.0	勉強会
2009/10/11	日	6.0	958.0	8.5		978.5	20.5	2次対策講座
2009/10/12	月	6.0	964.0	7.0		985.5	21.5	補講
2009/10/13	火	2.0	966.0		0.0	985.5	19.5	—
2009/10/14	水	2.0	968.0		2.5	988.0	20.0	答練再(Ⅲ)
2009/10/15	木	2.0	970.0		3.5	991.5	21.5	答練再(Ⅲ)
2009/10/16	金	2.0	972.0		3.0	994.5	22.5	答練再(Ⅱ)
2009/10/17	土	6.0	978.0		8.0	1,002.5	24.5	答練再(ⅠⅢⅣ)、問題集(Ⅱ)
2009/10/18	日	6.0	984.0		4.5	1,007.0	23.0	答練再(ⅡⅢ)
2009/10/19	月	2.0	986.0		3.5	1,010.5	24.5	H19過去問(ⅡⅢ)
2009/10/20	火	2.0	988.0		2.0	1,012.5	24.5	H16過去問(Ⅲ)
2009/10/21	水	2.0	990.0		2.5	1,015.0	25.5	過去問(Ⅲ)
2009/10/22	木	2.0	992.0		7.0	1,022.0	30.0	過去問(ⅢⅣ)、財務
2009/10/23	金	2.0	994.0		0.5	1,022.5	28.5	過去問(Ⅲ)
2009/10/24	土	6.0	1,000.0		7.5	1,030.0	30.0	問題集(Ⅲ)、財務

して22時間達成。これを実践すれば1000時間が達成できる。なんとなくできそうな気がしないだろうか？　大きな数字を分解して小さくしていくと現実味のある数字になる。あとは、これを繰り返し「これならできる！」という計画を作っていく。自分自身が納得できる計画にすることがポイントだ。

計画ができたら、エクセルを使って予実管理表を作成する。その予実管理表には実績値を入力する欄を作り、実績が計画を下回るとセルが赤く反転する仕組みを入れる。あとは、そこに日々の勉強時間を入力していく。これで予実管理表のできあがりである。

極めてシンプルな仕組みだが、この予実管理を2週間ほど続けると、実績が計画を下回りセルが赤く反転することに苦痛を感じ始める。すると否応なしに勉強を始めるようになる。この結果、筆者は1030時間の勉強時間を達成した。この勉強時間が合格への大きな原動力になったことは言うまでもない。思うように勉強が捗らないという人は試してほしい。

会社と勉強の両立

診断士受験生のほとんどは会社員であるため、会社と勉強の両立は大事である。会社と受験勉強の両立で一番頭を悩ますのが、やはり時間だろう。

仮に年間800時間勉強したとすると、月平均約67時間になる。つまりその時間会社で残業しているのと同じことになる。これに加えて本来の会社の残業時間もあるので、合計すれば100時間を超える人も多いだろう。IT系など、元々残業が100時間を超えている人だと、体調面の負担はかなり大きい。筆者も2年目の受験では1030時間の勉強をしたが、一時体調をくずしてしまった。これからは働き方改革(※2)もあり、会社との両立もしやすくなっていくだろう。

また資格受験校講師や、受験生仲間の影響で、受験モチベーションがぐんと高まると知らず知らずと無理をし、やる気があっても身体がついてこないこともある。雰囲気にのまれすぎず、しっかりした睡眠の確保や、気晴らしの余暇などを取り入れ、無理はせずに自分の身体と向き合うようにしよう。

また、思い切って会社を辞めて勉強時間を確保しようとする人もいるが、リスクが大きすぎるためおすすめしない。診断士試験は会社を辞めなくても十分合格できる試験である。運悪く不合格になって、浪人期間が長くなるとデメリットの方が大きくなる。

診断士は身体を壊したり、会社を辞めたりしてまで目指す資格ではない。無理のない範囲で会社と勉強の両立をはかってほしい。

他資格を併用してみる

受験勉強も後半にさしかかると、問題を解きまくるアウトプット型勉強法に変っていく。今でこそ過去問も豊富になったが、筆者が受験生だった頃は、試験制度が変わって7年目だったので、過去問が7年分しかなかった。「7年も!」と思ったかもしれないが、長い受験勉強期間で7年分の過去問なんて、あっという間に使い切り、その内、問題そのものを暗記してしまうレベルにまで達してしまう。すると、新しい問題を解かないと不安になる問題欠乏症にかかってしまう。

※2　2019年に施行された働き方改革関連法に基づく取り組み。時間外労働の上限規制などが義務化されている。

そんな時に有効なのが、他資格の勉強の併用である。診断士試験は幅広い知識を求められるため、他資格とラップするところが大きい。その内のいくつかを紹介しよう。

1次試験の「財務・会計」は、アカウンティングとファイナンスに分かれるが、アカウンティングには商業簿記、工業簿記が含まれる「簿記2級」が有効である。筆者も診断士勉強中に財務会計力強化のために簿記2級を勉強して合格した。ファイナンスは「簿記1級」のテキストに問題が多数ある。診断士試験のファイナンスよりも「簿記1級」のファイナンスの方が、数字や条件が細かく難易度が高い。ゆえに、「簿記1級」の問題を解いていると、診断士の問題が簡単に感じられるというメリットもある。また簿記検定は資格そのものがメジャーなため、テキストや問題集も多く発行されており、書籍代も比較的安い。

その他にも、「ビジネス会計検定」もラップする範囲があるが、テキストが少なかったり、書籍代が高かったりするのが難点である。

「財務・会計」は、ある程度、頭で理解すると、そこから

他資格との関連表

診断士1次試験	内容が重複する他資格
1. 経済学・経済政策	公務員試験
2. 財務・会計	簿記検定、ビジネス会計検定
3. 企業経営理論	リテールマーケティング検定(マーケティング)
4. 運営管理	リテールマーケティング検定(店舗管理)
5. 経営法務	ビジネス法務検定
6. 経営情報システム	情報処理技術者試験(ITパスポート)
7. 中小企業経営・中小企業政策	特になし

先は問題を解きまくって体で覚えるのがセオリーである。診断士受験初学者が、最初にぶち当たる壁が、キャッシュフロー計算書作りである。筆者も最初は頭だけで理解しようとして、かなり苦労したが、数多くの問題を解いているうちに、不思議と手が勝手に動くようになった。財務会計は「習うより、慣れろ」が基本になる。「財務・会計」は2次試験にも大きく関連するので、他資格を併用し徹底的に強化しておこう。

「運営管理」の店舗管理と「企業経営理論」のマーケティングは、「リテールマーケティング検定」（販売士）とラップする。そのため診断士合格後に同検定の1級に挑戦する人も多い。筆者が受験生だった頃はテキストが少なかったが、今は豊富に出まわっている。

経営情報システムは、情報処理技術者試験の「ITパスポート」がラップする。筆者の受験生時代は、「初級システムアドミニストレータ」と言われていた。

ITパスポート試験は1回100問のマークシート試験で、ITパスポート試験のホームページから1年間に200問の過去問が手に入る。ITは変化の激しい世界なので、古い過去問が役に立たないこともあり、最新の問題を多く解けるのはありがたい。ITが苦手という人はチャレンジしてみると良いだろう。

「経営法務」は、「ビジネス法務検定」とラップする。診断士試験と比較すると、難易度的にはビジネス法務検定の2級と3級の間ぐらいのようだ。ただ、「経営法務」は2次試験との関連が薄い科目なので、無理にここまで範囲を広げる必要はないだろう。

2 次試験対策はS字カーブで成長する

診断士の1次試験と2次試験では勉強量と学習効果に大きな違いがある。

1次試験は勉強量と学習効果はほぼ比例する。1次試験の基本は暗記量なので、勉強量がしっかり取れれば着実に点数は伸びていく。

ところが2次試験は違う。2次試験対策の初めはいくら勉強しても点数が伸びず、ある時急激に上昇カーブを描き、ある程度まで行くと伸びは鈍化し高値安定する。診断士用語で「イノベーションのS字カーブ(※3)」というものがあるが、それとほぼ同じ成長曲線を描く。

2次試験対策では、自分の現在の実力を知るために、資格受験校主催の2次模擬試験を受けるのがセオリーだが、筆者が最初に受けた2次模擬試験は、4科目400満点で40点。しかも2科目のう

診断士試験の勉強量と学習成果

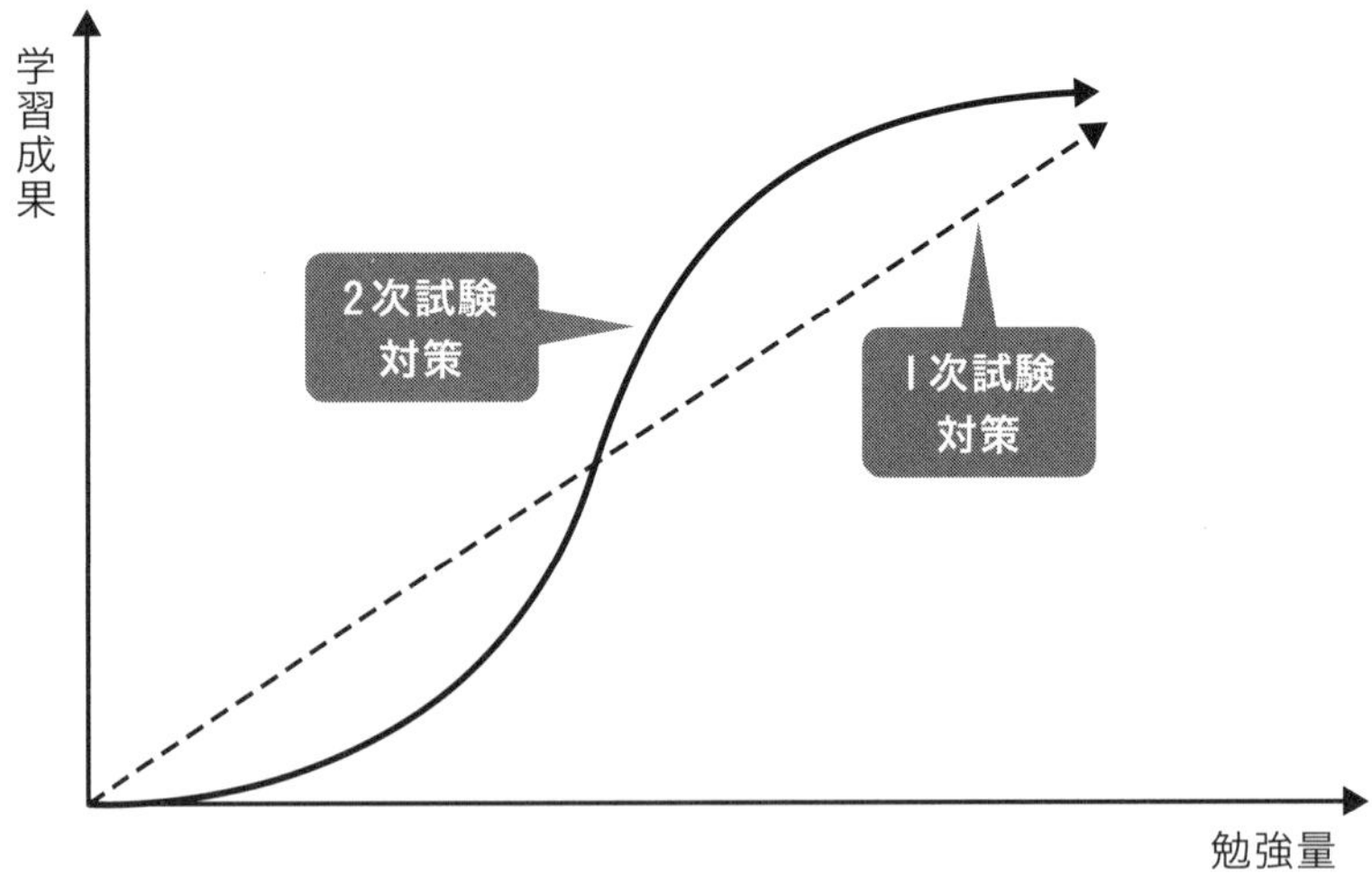

※3　技術進歩を縦軸に技術成果、横軸に費やした資金や時間にしたグラフにすると、その過程がS字型の曲線を描くこと。開発当初は資金や時間を費やしても成果が出ず、ある時に急激に成長し、技術が成熟すると鈍化するため。

ち2つは1桁台と、学生時代でもこんな点数を取ったことがないという結果。しかも筆者本人は、自信を持って解答しており、採点結果を見ても何が間違っているのかもわからない。この結果を見た時、「この試験を一生勉強しても合格できないのではないか?」と心底不安を感じた。これが診断士の2次試験なのである。

1年目の2次試験が不合格後、なんとか挽回しようと普通の受験生よりも多くの勉強を重ねたが、手応えはつかめない。しかも焦りのため問題の裏を読みすぎ、ますます点を悪くするという悪循環にはまっていた。

ある時、翌日に2次模擬試験があるにもかかわらず、受験勉強の伸び悩みに加え、会社でのストレスもあり、終電まで深酒をしてしまった。試験当日はもちろん二日酔いで、惨憺たる状況。惨憺たる状況での試験で、結果も惨憺たるものとあきらめていると、結果はなんと全国10位！　シーズンオフの模擬試験だったため受験者が少なかったこともあるが、それでもそれまでの低空飛行を考えると驚くべき結果である。しかも、この日を境に、それまでの低空飛行が嘘のように高値安定し、2次試験対策講座でもトップグループを快走し始めた。

もちろん、高値安定の秘訣は二日酔いではない(笑)。S字カーブの急激な上昇カーブの始まりが、たまたまあの二日酔いの日だったと思っている。

2次試験対策の初めは思うように点数が伸びず、自暴自棄になることもあるが、それは無駄になっているわけではなく、トライ&エラーを繰り返しながら、少しずつ成長している。それがある日突然、急激な上昇カーブを描きはじめるのである。今、2次試験対策でスランプに陥っている受験生は、ここであきらめず上昇カーブを描きはじめる日まで頑張ってほしい。

変わった勉強法エトセトラ

資格受験の勉強といえば、テキストでインプットし、問題集でアウトプットというのが定番である。しかし、診断士試験ならではの、変わった勉強法もあった。ここでは、筆者が受験生時代に実践した一風変わった勉強法をいくつか紹介しよう。

●電卓技術アップ勉強法

2次試験の事例Ⅳは、電卓持ち込み可の財務会計の出題がされる。2次試験はすべての科目がそうなのだが、特に事例Ⅳは時間との闘いになる。1分1秒の時間短縮が勝負の境目になることもあり、そのため電卓を素早く効率的に使えると有利になる。

そこで筆者は、某資格受験校の電卓講座に通っていた。この電卓講座は、簿記講座のオプションとして設定されていた講座だが、単独でも受講でき3ヶ月で数千円と受講料も安かった。

残念ながらこの講座は、今はなくなってしまったようだ。パソコン全盛の現代でも電卓を使う機会は多いので、チャンスがあればマスターしておくと良いだろう。

●書く力強化勉強法

2次試験は筆記試験であることから、書く力も求められる。最近は1事例あたり600～700字という問題が多いようだが、かつては800字以上書かせる問題も存在した。そのため、書くスピードが求められるが、スピードを重視しすぎて字が汚くなることもある。字の綺麗か汚いかは、採点に直接は影響しないと言われているが、採点者も人の子。綺麗な字で書かれた解答用紙を見れば、プラスのハロー効果(※4)がはたらくことも考えられる。ローリスクミドルリターンを狙う意味でも、書く速さと文字の綺麗さは高い方が良い。

そのため、筆者はボールペン字練習帳を買って1日1ページ練習していた。書く力が弱かったある受講生は、ボールペン字の通信教育を受けていた。それくらい2次試験は、書くことにも神経質になる。1年目の受験では、時間的な制約でここまで手が回らないと思うが、2年目以降は勉強時間が多く取れるので、書く力に自信がない人は挑戦してみるとよいだろう。書く力に自信が持てれば、試験本番でそれだけ余裕ができる。

●12時間耐久勉強法

診断士試験は1次試験が2日間、2次

※4 「営業成績が良いから人格も優れている」など、評価者が人材を評価する際、ある特定の評価が高いと感じた時に、別の項目も高くしてしまう現象。逆に「営業成績が悪いから人格も問題がある」というマイナスのハロー効果もある。

試験は1日経営戦略を考えるために、頭をフル回転させる。ゆえに、知識や受験テクニックに加え、スタミナと集中力も要求される試験だ。そのスタミナと集中力を鍛えるために行ったのが、12時間耐久勉強法である。

受験仲間と勉強するときは、受験校の自習室や図書館を使うが、この開館時間は9時～21時が多い。この開館時間である12時間をフルに使い、本番の2次試験の2倍である8題の事例問題を解くというものだ。1事例が80分なので計算すればわかると思うが、インタバルがほとんどない。かなり過酷な勉強法である。

受験生時代に受験仲間と1度だけ挑戦したことがある。4事例までは全員ついてくる。受験仲間は互いにライバルでもあるので、簡単には音をあげない。しかし、6事例が終わると徐々に脱落者が現れる。7事例目にさらに脱落者が現れ、8事例完走するのは半分以下になる。終わった後にファミリーレストランで答え合わせの予定だったが、さすがにそこまで体力が持たず、全員同意の上、答え合わせは後日になった。

正直、この勉強法が役に立ったかは微妙で、今振り返っても、アホなことをしていたなと思う。しかし、長い勉強期間にはこのような遊び心も必要だ。本試験直前で実施するとリスクが大きいが、時間的に余裕があるときは、遊び心を織り交ぜた勉強も良いだろう。

05 試験当日の対応策

悔いなき闘いをする心構え

時間に余裕を持った行動が第一！

中小企業診断士試験は1次試験、2次試験とも1年に1回の試験なので、当日のプレッシャーは相当なものである。特に翌年の2次試験の権利を持っていない状態での2次試験は、不合格だと1次試験からやり直しになるので、まさに背水の陣である。緊張するなという方が無理なのだが、緩和する方法はある。

まず試験当日は時間に余裕を持とう。人間の脳は起床してから本来の働きをするのに2〜3時間かかると言われる。ゆえに試験開始から逆算して3時間前には起きるようにしよう。起きたら早めに家を出る。突然の事故などにより交通機関の乱れに巻き込まれる恐れがあるからだ。電車が遅れて試験を受けられなかったとなると、泣いても泣ききれない。仮に時間ギリギリで間に合ったとしても、平常心で試験に集中するのが困難になる。

筆者は2回目の2次試験当日は、試験開始4時間前の6時起床。7時に自宅を出て湯島天神(※1)に合格祈願のお参りをしてから、試験会場である明治大学に向かった。

試験会場に着いたら、テキストを見て復習することもさることながら、試験中をイメージして問題用紙、筆記用具、電卓の位置を決めておこう。試験会場のテーブルは、資格受験校や図書館のテーブルよりも狭いことが多い。いざ試験が始まってから、問題用紙や筆記用具の位置

※1　学問の神様として知られる菅原道真公を祀っている、東京都文京区にある神社。診断士受験生も合格祈願のお参りにいっている。最後は「困った時の神頼み」である。

を考えると、思わぬロスタイムやストレスになることがある。1次試験の場合は直前に見ていたテキストが加点につながることも多いが、2次試験の場合は、直前までテキストを見ていても加点につながることは少ない。試験会場に着いてからの準備は、1次試験ではテキストの復習を重視、2次試験では試験を受ける環境づくりを重視するとよい。

いずれにしても、早め早めの行動、そして万全な臨戦態勢が大切だ。

試験当日の小道具いろいろ

●電卓

2次試験は電卓の持ち込みが可である。事例Ⅳの財務会計の問題は、近年難易度が上がっているため、電卓があっても計算には時間がかかる。ゆえに、この電卓選びも重要になってくる。受験用の電卓は、大きくて安定したものを選ぶのが基本になる。

2次試験は時間との闘いでもあるので、少しでも時間を節約するには、少しでも早く10キーを叩きたい。そんな時に、手のひらサイズの電卓ではボタンが小さく叩きにくい。また叩いている最中に電卓が動いてしまうこともある。それを考えると、大きく安定した電卓が良い。また機能的にはルート計算ができるものが必須。

さらに使い慣れた電卓は、試験当日まで使い続けよう。万が一故障したときには同じ機種を選ぼう。電卓は機種によってボタンの配置や押した時の感触が微妙に違う。試験直前に変えるのはリスクが大きい。

筆者は愛用していた電卓のボタンが、ある時戻らなくなった。同じ機種を購入しようにも、すでに製造中止で手に入らなかった。どうするか悩んだあげく、この電卓をドライバーで分解し、中に詰まっていたホコリなどを清掃した。それによって愛用していた電卓は復活し事なきを得た。2次試験では電卓は自分の分身と同じなので、最後まで愛着を持って使い続けよう。

●消しゴム&カッター

2次試験は、1行20文字の方眼状の解答用紙に答えを書いていくが、見直しや書き込みの時に、方眼のマスの1字を修正したいということがおきる。その時、消しゴムの角を使って消すとうまく消せるので、カッターを使って消しゴムの角をつくるのである。2個の消しゴムを持ち込めば、最大16の消しゴムの角が手に入る。

カドケシ(※2)と言われる角が多くある消しゴムもあるが、当時のカドケシは結構、力を入れないと綺麗に消せなかった。診断士試験の解答用紙は意外と薄く、最悪の場合、解答用紙が破れるというアクシデントに見舞われる恐れもある。ローリスクでいくなら、使い慣れた消しゴムにカッターを勧める。

試験中のカッターの使用は許可されていないので、休憩時間にしっかり準備しておこう。

●マーカーペン(蛍光ペン)

2次試験には、与件文と言われる企業概要などが書かれている文章があり、この与件文を色分けして整理するためマーカーペンを使う。診断士受験生の中では、マーカーペンを使う派、使わない派は、ほぼ半々だが、筆者はマーカーペンを使う派だった。

※2 立方体を10個、互い違いに配置した形状の消しゴム。角で文字を細かく消すのに最適。カドケシはコクヨ株式会社の登録商標。

マーカーペンの色分けは、SWOT分析（※3）を基本に「強み＝赤」「弱み＝青」などにする。そのため、4色のマーカーペンを使い分ける受験生が多い。筆者も4色からスタートしたが、徐々に色分けの数が増え、最終的に6色のマーカーペンを使い分けることになった。

マーカーペンの種類が多くなると、その分だけマーカーペン持ち替えの動作が増え、その分だけロスタイムになる。そんな些細な時間まで気にする必要があるのか、と思うかもしれないが、何度も言うように2次試験は、いかにロスタイムを減らすかが勝負である。この持ち替え時間を馬鹿にしてはいけない。ゆえにマーカーペンを多く使う受験生は、利き手の逆の手でマーカーをまとめて持ち、スムーズにマーカーペンを持ち替える工夫をする人もいる。筆者も6色のマーカーペンを使いこなすために、利き手の逆の手で、マーカーペンを花びらのように持ち、スムーズに持ち替えるトレーニングをした。その結果、受験生仲間から「必殺マーカー5本持ち」と呼ばれていた（笑）。ちなみに、答案練習や模擬試験でこの「必殺マーカー5本持ち」を見た人はかなり威圧されたらしく、「隣には座りたくない」と恐れられていた。ここまでする必要はないが、マーカーペンを使う受験生は、ロスタイム対策もしっかりしておこう。

あきらめない気持ちで立ち向かう！

最後は精神論になってしまうが、「あきらめない気持ち」を持つことである。2次試験対策の答案練習や模擬試験などで、解答用紙に解答を何も書かず空白で提出している受験生は意外と多い。解けなかったのか、時間がなかったのかは定かではないが、何も書かなければ絶対に点数は入らない。

※3　企業の内部環境の「強み」と「弱み」、外部環境の「脅威」と「機会」を4象限のマトリックスで明らかにし、企業環境の現状を把握する手法。診断士でよく使うフレームワーク。

2次試験には与件文があるので、まったくわからなくても、与件文から言葉を拾って埋めれば、何点か加算される可能性はある。時間が足りなかった、という声もよく聞くが、試験時間はすべての受験生に平等に与えられている。つまり時間が足りなかったのではなく、時間内に終了させるスキルや心掛けが足りなかったのである。

さらに、どんなに窮地に立たされても「あきらめない気持ち」があれば、解答を埋めることはできる。筆者も本番の試験で窮地に立たされたことがある。それは3科目目の生産管理で起きた。筆者は生産管理を苦手としていたが、この年の問題は比較的簡単で「これならいける」という手ごたえがあった。しかし、問題を解いている最中に試験監督から「終了5分前です」のアナウンスがかかった。通常なら終了5分前にはほとんどの問題を解き終わり、見直しをしている時間なのだが、その時は70%ぐらいしか解き終わっていなかった。「これならいける」という手ごたえが逆に油断となり、時間配分を誤ったのだ。「あーっ、やっちゃった、間に合わない…」やり場のない絶望感にパニックになりかかっていた。

しかし弱気になった気持ちを立て直し、残り時間、全身全霊で書いて、書いて、書いて、書きまくり「終了です」という試験監督の声と同時にすべての問題を書き終えた。これが合否の分岐点になった。

また筆者の同期受験生で、受験番号と違う席に座って試験を受けた人がいた。普通なら正しい受験番号の受験生がその席に来て、自分が間違った席であることに気づくのだが、その時は運悪く、正しい受験番号の受験生が欠席したため、気がつかないまま試験を受けてしまった。そして試験の最中に試験監督に肩をたたかれ、「受験番号を確認して」と言われて、やっと自分の席が違っていたことに気づいた。本来なら失格となっても文句は言えないところだが、試験監督同士で協議し、そのまま試験を受けさせてくれた。同期受験生は当時のことを「協議中は試験に集中できなかったが、『試験を続けていいよ』と言われた時には、試験監督が神様のように思えた」と振り返り、この結果無事合格を勝ち取ることができた。

最近は必ずしも中小企業診断協会が試験監督とは限らなくなったようだが、当時は診断協会所属の中小企業診断士が必ず試験監督だったので、1年間この日のために全力を尽くしてきた受験生のことを考慮してくれたのだろう。試験監督は、受験生の最後の応援者であることも忘れてはいけない。

本番の試験は思わぬアクシデントや想定外のことはよく起きる。しかし、それらのアクシデントであきらめてしまうと、人は急激にパフォーマンスが落ちる心の仕組みを持っている。どんなことがあっても、最後まで「あきらめない気持ち」を持って立ち向かおう。光明は必ず見えてくる。

Column CASE 1

同期診断士とのつながりは大切に！

受験生時代に大切にしておきたいのが、同期診断士のつながりである。特に独立後に、この同期診断士のつながりが、その後の診断士人生を左右する可能性もある。

独立直後はご祝儀的に、いくつかの仕事を振ってもらえることがあるが、その後はサラリーマンと違って何の保証もない世界。業界内の人脈の少ないうちは、なかなか情報も入ってこない。そんな時に支えになるのが、受験生時代に苦楽を共にした同期診断士の仲間だ。スタートが同じなので、ひとりひとりが持っている情報は少ないが、全員で共有すればそれなりに有益な情報になる。また独立直後、右も左もわからない時に心の支えにもなってくれる。

そして、その関係性は時間が経つと、さらに威力を発揮してくる。独立を継続していくと、業界内のポジションやスキルも必然的に上がってくる。すると仕事面での協力関係も生まれてくる。筆者が独立して最初のセミナーの仕事をいただいたのは、公的機関でセミナー企画の責任者となった同期診断士だった。また公的機関への仕事を探していた時に、関係者につないでくれたのも同期診断士だった。

また筆者自身も、自分の能力で対応しきれない案件を受けた時に、同期診断士にお願いすることもあった。長い時間苦楽を共にし、合格の喜びを分かち合った受験生時代のつながりは、思った以上に大きいのだ。

しかし、せっかくのこのつながりを無くしてしまうケースも少なくない。企業内診断士は、最初の1～2年こそ積極的に診断士活動をしているものの、本業の多忙さもあり、自然とフェードアウトしてしまうことが多い。また独立診断士には「同期診断士はライバル」、「人とつるんで仕事はしない」というポリシーで、自らつながりを断ち切ってしまう人もいる。

診断士として仕事をしていくなら、人のつながりはとても大切。その構築にはとても時間がかかるが、捨てるのは一瞬でできる。せっかく構築したつながりを自ら捨ててしまうのは、非常にもったいないことだ。

筆者の上の世代の同期診断士は、このつながりを維持するために、毎年事業計画発表会を企画し、その年1年の振り返りと翌年の抱負をシェアしている。そして同期診断士が頑張っている姿を見て、自分自身のモチベーションアップにつなげている。同期診断士のつながりを活かすとても画期的な取り組みだ。

受験生時代の仲間は合格して終わるのではなく、末永く付き合っていくビジネスパートナーなのだ。

第2章

中小企業診断士試験に合格したら
[駆け出し時代の第一歩]

06 実務補習を受けよう
診断士登録前最後のカリキュラム

一気に取るか？　分散するか？

2次試験、口述試験を無事突破すると、次に待っているのが実務補習である。中小企業診断士は試験に合格しただけでなれるわけではなく、中小企業診断士の登録等及び試験に関する規則の中で「合格後3年以内に、実務補習を15日以上受けるか、実務に15日以上従事することにより、中小企業診断士としての登録の申請を行うことができる」とされている。簡単に言えば診断士として登録する前に、15日以上の診断士の実務を体験しておきなさい、ということである。方法としては、診断協会が主催する実務補習と、民間コンサルティング会社が実施する実務従事に分かれるが、ほとんどの合格者は実務補習を受ける。

この実務補習を受ける時に、ネックになるのが日程である。かなり昔は15日間全て平日に実施されていたらしく、サラリーマンは休みを取るのに苦労していたようだが、現在は土日も含まれるようになったのでサラリーマンでも受けやすくなった。とは言え、平日も数日あるので有給休暇などを取る必要があり、休みが取りづらい人には大きな障壁になる。

また実務補習には15日を一気に実施する15日間コースと、5日間を3回に分けて実施する5日間コースがある。サラリーマンでも大手企業勤めのサラリーマンは比較的有給休暇が取りやすいらしく、15日間コースを受け、早々に診断士登録をする人が多い。

IT系企業のサラリーマンなど、まとまった休みが取れない合格者は5日間コースを選ぶことになる。15日間コースは1月末から3月上旬に年1回実施されるが、5日間コースは2月、7月、8月、9月の年4回（地域によっては2月、7月、9月の年3回）実施されている。3年以内に15日間受ける必要があるので、12回のうち3回受ければ良い。どんなに忙しい人でも、これくらいなら受けられるだろうと思うかもしれないが、いつでも受けられるという安心感から先延ばししてしまい、3年目に慌てて出す合格者もいる。苦労を重ねて合格したのに、実務補習を受けそこなってふいにしてしまっては元も子もない。5日間コースでもしっかりと計画を立てておこう。

補習といってもあくまで実践！

申し込みが終わったら、いよいよ実務補習に入る。実務補習の流れは、指導員の方針によって若干違うが概ねの流れは次のようになる。

初日は中小企業会館などの指定の場所に集合し、指導員から実務補習の説明を受ける。初日は、全ての実務補習のチームが一斉に揃うために、指導員の声が聞こえないくらい賑やかになる。その後早速クライアント企業へ移動し、午前中は経営課題や問題点、要望などのヒアリングを行う。

ヒアリングが終わったら、実務補習メンバー全員で経営診断の方向性について議論し、方向性が決まったら財務、情報システム、販売、人事などの役割分担を決めて、その日の帰宅後から作業に取り掛かる。役割分担では、一般的にメンバーに1人は金融機関の関係者がいて、その人が財務を担当することが多いようだ。しかし指導員の方針で、あえて得意分野、専門分野ではない役割分担をすることもある。なぜ得意分野を担当させてくれないのか、と思うかもしれないが、あえて未知の分野を経験できるのも実務補習ならではなので前向きに捉えよう。

またメンバーにパソコンを使ったことがない人がいると、初日がその人のためのパソコンの設定と使い方の説明で終わることもあるようだ(汗)。

I社あたりの実務補習日程は5日間だが、この5日間で全てが終わると思ったら大間違い。この5日間は、メンバー全員でのディスカッションやクライアント企業に最終プレゼンをする日であり、資料作りはそれ以外の時間で行う。多くのメンバーはサラリーマンなので、時間の捻出に相当苦労する。深夜のメールのや

実務補習の流れ

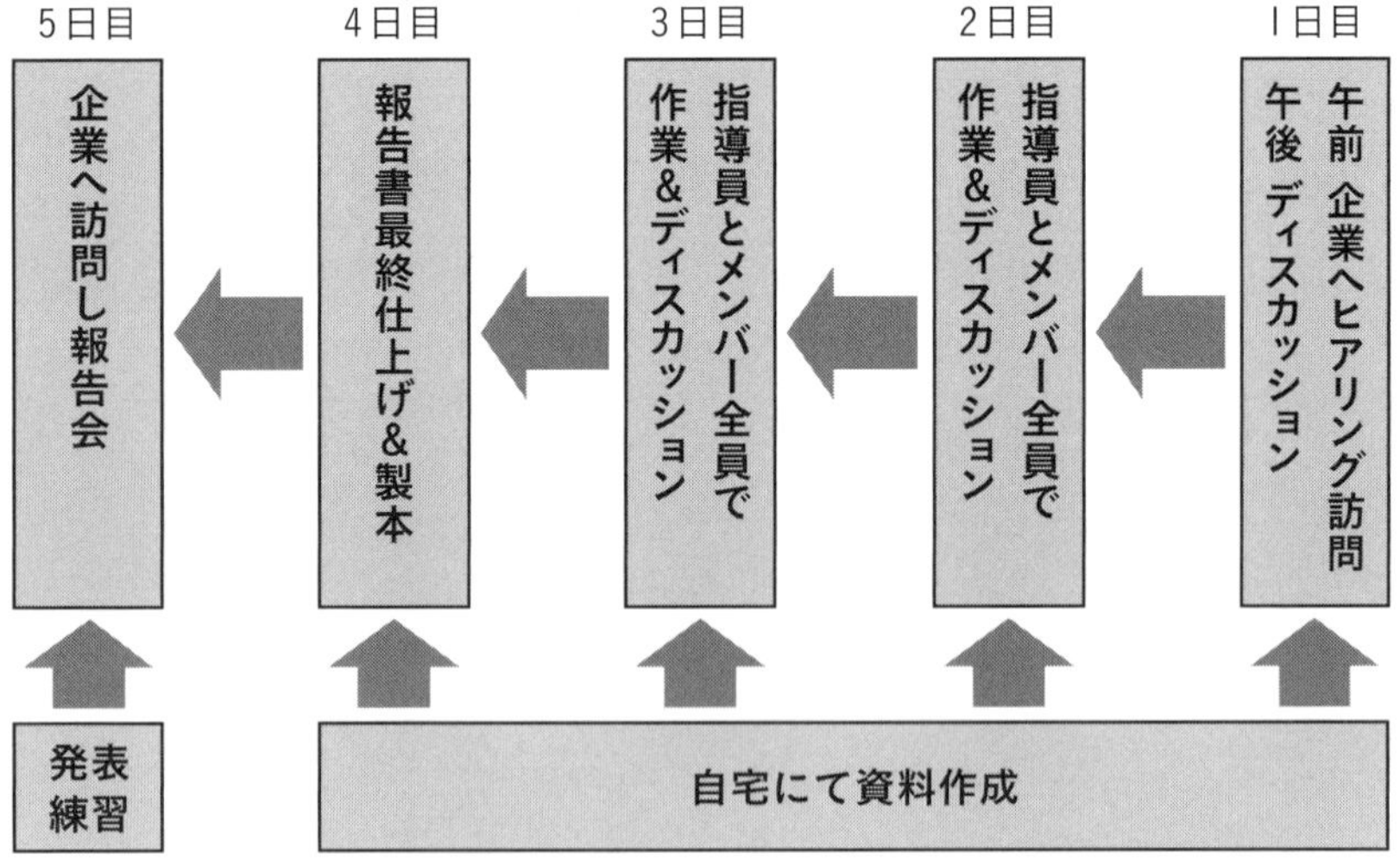

り取りは日常茶飯事。ディスカッションは、メンバーで公民館などを借りて行うことが多いが、指導員が個人事務所を持っていると使わせてくれることもある。

提出する報告書はワードが基本で、役割分担した部分を各自で作成し、最後に合体させるため、事前に様式を確定しておく。合体した後は、全体の整合性を確認する。少ない時間で一気に進めるために、他のメンバーの進捗状況を見ることができず、販売担当が「広告宣伝の強化」を謳っていながら、財務担当が「広告宣伝費の削減」を推奨する、というような矛盾が生ずることもあるので注意しよう。報告書は全体で約100ページになることが多い。時々気合いが入りすぎて、200ページ近い報告書を作るチームもあるようだが、ページ数が多すぎると経営者が読むのも大変なので注意しよう。

報告書ができあがったら、いよいよクライアント企業への報告会だ。中小企業の経営者は多忙なので、所要時間は90分~2時間程。質疑応答などもあるので、各自の担当を10分ほどで説明することが多い。事前に発表の練習も必須だ。

ほとんどの実務補習の経営診断は報告会をもって終了するが、報告書の出来が良いと、まれに経営者がコンサルティングの継続を依頼することもあるようだ(依頼を受けても当時のメンバーを集められず、断念に終わることが多い)。実務補習は診断士登録のための模擬経営診断であるが、内容は実践のコンサルティングである。実際の仕事を受けたつもりで、全力で取り組もう。

いい先生、良い仲間に恵まれるか?

受験生時代の先生や勉強仲間がその後の診断士人生の人脈になるように、この実務補習で出会った指導員の先生や仲間が、その後の診断士人生の人脈にもなる。特に15日間コースを受けた時には、約2ヶ月半、同じメンバーと苦楽を共にするので、必然的に人間関係が構築される。「診断士になった時の一番の思い出は?」という質問に、実務補習と答える診断士も多い。

しかし、実務補習がその後の診断士人生の基礎になったり、良い思い出になったりするかは、その時に出会った先生や仲間に左右される。残念ながら、こればかりは運を天に任せるしかない。実務補習の指導員は、1から10まで手取り足取り教えてくれる面倒見の良い先生が多いが、中にはクライアント企業と顔合わせと最終報告会のみ参加し、あとはメンバーに丸投げしてしまう先生もいる。

また実務補習のメンバーにもいろいろなタイプの人が集まる。中には我が強く、自分の考えが絶対正しいと意見を曲げないタイプの人もいる。このタイプが2人以上チーム内にいると、診断報告書を作る過程で意見が対立することもある。すると実務補習そのものが、険悪な雰囲気になり、最悪険悪なまま2ヶ月半を過ごさなければならない。ある診断士は「先生もメンバーも最悪。15日間我慢して受けたけど、もうあの人達とは会いたくない」と話していた。こんな寂しい実務補習にはなってほしくない。

これを回避する方法として、あえて5日間コースを3回受ける方法がある。5日間コースを3回受けると、偶然を除けば3回とも違う先生やメンバーと実務補習を受けられるので、運悪く先生やメンバーに恵まれなかったとしても、再チャンスがある。一方で15日間コースと比べると指導員の先生やメンバーとの結びつきは弱くなる。そして何より診断士登録が遅くなるデメリットがあり、あまりおすすめできる方法ではないが、ローリスクを取るならこの方法もある。

実務補習に参加する時には、まず協調性を大事にしよう。メンバーに恵まれる、恵まれないもあるが、自分が我を通し過ぎて、場を乱す存在になってしまっては元も子もない。実際のコンサルティングでも、他の診断士とチームを組んで仕事をすることも多い。将来、独立コンサルタントを考えているのであれば、実務補習はその訓練と考えて取り組もう。

07 もう一つの道、実務従事

休めない！ 困った時の選択肢

実務補習と実務従事の違い

診断士登録をするためには15日間の実務補習の他に、実務従事というものがある。実務補習が中小企業診断協会主催で実施するのに対し、実務従事とは、民間のコンサルティング会社などが委託を受けて実施するものである。

なぜこのように実務補習と実務従事という2つの方法が存在するのか？ 明確な文献がなかったので、大ベテランの診断士の先生に話を聞いてみた。その先生によると、実務従事は実務補習よりも前にあったらしい。

中小企業診断士は、元々は国家試験ではなく中小企業を支援するために、スキルのバラツキを減らすための認定試験だった。ゆえに診断士になる人も、元々コンサルティング会社で働いていたり、公務員として中小企業支援を行っていたりする人ばかり。つまり診断士になる前から経営診断実務をしている上に、診断士になった後も、元の職場で経営診断実務を行うことができた。

ところが時代の流れと共に、普通のサラリーマンが診断士を目指すようになった。普通のサラリーマンは、経営診断実務も未経験な上、合格後に経営診断実務を経験する場もない。民間コンサルティング会社が、自分の社員でもない他社のサラリーマンを受け入れてくれるはずもない。この状況に対応するために生まれたのが実務補習のようだ。これは診断士の世界で都市伝説的に語り継がれている話だが、あながち間違いではないだろう。

実務従事のメリットは、なんといっても日程に融通が利くことである。実務補習は診断協会から発表された日程が、一日でも合わないと受けることができない。それに対し実務従事は、主催するコンサルティング会社と相談して決められる余地がある。実務従事も実務補習同様、他のメンバーとチームを組むので自分1人の都合だけでは決められないが、相談の余地があるかないかは大きな違いである。

また、実務補習の5日間コースを受けて、残りの10日間を実務従事で受けるという合わせ技もOKである。このパターンだと実務補習と実務従事の両方を経験できるので、ある意味、お得かもしれない。

時々「実務従事で診断士登録すると、仲間外れにされる」という噂を耳にするかもしれないが、そんなことはないので安心して欲しい。診断士同士で、誰が実務従事で診断士登録したかを知る由もなく興味もない。

筆者も実務従事で登録をした1人である。実務補習の15日間コースの初日が、どうしても都合があわなかった。15日間コースの初日の日程が合わないと、実務補習の日程上、5日間コースも受けられない。その時に知人から実務従事を紹介してもらい、無事に診断士登録ができた。以前は口コミでしか探せなかった実務従事だが、今はインターネットでも探せるようになった。仕事上、なかなか実務補習の日程が合わないという人は、実務従事を検討してみよう。

いよいよ診断士登録だ！

15日間の実務補習または実務従事が終わると、いよいよ診断士登録になる。実務補習または実務従事が終わると、指導員などから「実務補習修了証書」または「実務従事の実績証明書」がもらえる。次に「中小企業診断士登録申請書」に必要事項を記載する。様式は中小企業診断協会のホームページからダウンロードできる。これらに「第2次試験合格証書(原本)」と、住民票の写しの4点をセットにして、経済産業省中小企業庁　経営支援部経営支援課宛てに郵送すれば完了である。

また、郵送ではなく中小企業庁に直接持参してもよく、筆者は、中小企業庁に直接持参した。参考までにその時のことを話すと、まず霞ヶ関の中小企業庁に行く。アメリカ同時多発テロ以降、官庁は警備体制が厳しく、庁舎に入れてくれるのか不安になる。受付で診断士登録の書類を届けにきた旨を伝えると、入館証が渡され案内された部屋に向かう。部屋の前まで来て恐る恐る扉を開けると、カウンターや窓口がなく、いきなり事務室になっていた。部屋を間違えたかと思い立ち尽くしていると、職員が近づいてきて「どうか、されましたか？」と声をかけられ「診断士登録の書類を持ってきたのですが…」と答えると、「ああ、そうですか」と書類を渡す。職員がパラパラと書類を確認して、「これで大丈夫です。お疲れ様でした」と言われ完了した。入館までが仰々しかった割には、手続きそのものはあっけなく終わった。

中小企業庁は診断士でもめったに行けるところではないので、この機会に行ってみてはどうだろう。ただし、これは2010年の話なので、中小企業庁に行く前に確認はとっておこう。

書類の送付が終わると、2〜3ヶ月後の「官報(※1)」に名前が掲載される。これを見ると、「診断士に登録できた」という実感が湧いてくる。官報は各都道府県の官報販売所にて販売しており、東京は東京都千代田区神田錦町にある。診断士合格者のほとんどが実務補習の15日間コースを申し込むため、登録時期がほぼ同じになる。そのため官報への掲載も同時期になり、知人の診断士は官報販売所に官報を買いに行った時、店員から「今日はなぜか官報がよく売れるのですよね」と言われたそうだ。何はともあれ、これで正式に中小企業診断士である。

※1　法律、政令、条約等の公布などを公表する国の機関紙。診断士登録時に購入するのが最初で最後になることもある。

08 中小企業診断協会に入会しよう！

ようこそ！　診断士コミュニティへ

晴れて中小企業診断士として登録すると、次に考えるのが中小企業診断協会への入会である。

中小企業診断協会ってどんなところ？

中小企業診断協会がどんなところかは、ホームページを見てもらいたい（https://www.j-smeca.jp/）。設立は昭和29年（１９５４年）と歴史のある組織である。中小企業診断協会は、中小企業診断士のリアルなコミュニティと考えよう。北は北海道から南は沖縄まで、全国47都道府県にそれぞれ診断協会（※1）が存在する。散々苦労した診断士試験の実施機関も、この中小企業診断協会である。

他の士業との大きな違いは、入会が任意なことである。診断士であっても必ずしも会員になる必要はない。しかし診断士になりたての時は、診断協会が人脈形成や情報収集の場になるので、入会しておくと良いだろう。また独立開業当初、仕事が少ない時は入会を見送り、仕事が軌道に乗ってから入会する診断士もいる。逆に仕事が多忙になった場合の退会もできる。

さらに、他の士業と比べて入会金や会費が安いのも特徴である。例えば弁護士。地域によってバラツキはあるが、入会金等５～６万円、年会費50～１００万円と言われ、さすがに資格の最高峰だけあり会費も最高峰だ。もう少し身近な社会保険労務士の場合は、東京で独立開業

※1　以前は中小企業診断協会は1つの団体で、各都道府県にその支部がある組織形態だったが、２０１２年から独立採算制に移行し、各都道府県の診断協会は独立した一般社団法人になった。

の場合、入会金5万円、会費等が年間で9万6000円。弁護士と比べると安く感じるが、仕事が少ない開業当初は結構な負担になる。

一方、診断士はどうかというと、東京都中小企業診断士協会に入会する場合、入会金3万円、年会費5万円となっており、他士業と比べるとリーズナブルである。

そんなリーズナブルな会費にも関わらず、イベントなども豊富。さらにプロコン（※2）塾と呼ばれるスキルアップ講座や、研究会とよばれるテーマ別コミュニティも多い。知人の社会保険労務士は「診断士さんは、協会のイベントや研究会が活発でうらやましい」と話していた。診断士の必須知識にマーケティングがある。ゆえに有料会員を獲得するには、どのようなサービスを提供すべきかを考えている習慣が、診断協会の活性化につながっているのかもしれない。

入会できる診断協会は、現住所、登記住所などに関わらずどこでもできる。極端な話、北海道の診断士が、沖縄の診断協会に入会することも可能である。ただし、診断協会から発信される情報やイベントは、その地域のものになるので、無意味な越県入会は意味がない。現住所、職場、主要顧客に近いところが基本になる。

好きな協会に入会できるわけではない？

胸中の診断協会は決まったので、「入会するぞー」と思ったかもしれないが、そう簡単にはいかない。駆け出し診断士の多くは、実務補習の指導員が所属する協会に入会している。

実務補習が終わると、多くの場合、指導員から診断協会入会の打診がある。自分の行きたい

※2　「プロのコンサルタント」の略称で、「プロコン塾」はプロのコンサルタントを育成する塾。数ある「プロコン塾」を識別するために、講座名に「東京プロコン塾」や「稼げるプロコン塾」など、頭に個別の名称をつけることもある。

診断協会に入会するために、その誘いを振りきるのは世話になった指導員の顔を潰すことにもなりかねないので、かなり勇気がいる。指導員とは実務補習後もお世話になることもあるので、駆け出し診断士は、素直にその誘いを受ける方が良いだろう。

5日間コースを3回受けた場合は、3人の指導員と会えるので選べるチャンスが3回ある。その3回のうちに、胸中の診断協会に入会している指導員に当たることを祈ろう。

実務従事の場合は、ほとんど診断協会入会の打診はないので、自分の行きたい診断協会を選べる。ところが診断協会に入会するには、入会したい協会や支部の既存会員2~3人の推薦が必要になる。まだ診断協会内の人脈が少ない駆け出し診断士は、その推薦人を探すのに苦労することがあるので注意が必要だ。

どうしても、この診断協会に入りたいという場合は移籍という方法がある。一度、指導員から誘いを受けた診断協会に入会し、ある程度時間が経ってから移籍の手続きをする。その指導員との関係はなくなる可能性はあるが、いきなり断るよりは角が立たない。最終手段としては有効だろう。

診断協会には相性的なものがあり、それは入ってみないとわからない。胸中の診断協会でなくても、まずは誘われた診断協会に入会し、そこに所属する会員と付き合ってみよう。診断協会そのものよりも、そこに所属する人のつながりを重視すべきである。

色とりどりの研究会

診断士の世界の特徴に、多種多様な研究会の存在がある。特に東京には、把握しきれないほどの研究会が存在している。「建設業」「印刷業」「福祉ビジネス」などの業種業界別の研究会から、「人材開発」「営業」「IT」などの職種別、「リスクマネジメント」「事業承継」などのコンサルティング手法別、さらには「女性診断士」「若手診断士」などの診断士特性別、「マラソン」「カラオケ」などの趣味別(趣味別の場合は同好会・懇話会とも呼ばれる)と千差万別である。

研究会はテーマも重要だが、その研究会の風土に合うかどうかも重要である。研究会は、そこに集まる人により独自の風土が形成される。いくらテーマに興味があっても、その風土に馴染めないと最終的に足が遠のいてしまう。研究会に入会するために診断協会に入会するという診断士も多く、入会前に研究会の内容や風土を知ってもらうために、多くの研究会は見学会を設けている。この見学会を利用して自分の目と肌で研究会を見てみよう。

研究会への入会条件は所属する診断協会の会員であることとするところが多いが、各研究会によって運営方針が違うので、入会したい研究会があれば問い合わせてみよう。

また、1人でいくつの研究会に入ってもよい。ただし、たくさんの研究会に入っても体は1つしかないので、おのずと限界がある。だいたい3つが上限だろう。また研究会により、年会費が数千円~数万円かかるところが多いので、このあたりも確認しておこう。

スプリングフォーラムに行ってみよう!

研究会やプロコン塾のことをもっと詳しく知りたいという人は、スプリングフォーラムに行ってみよう。スプリングフォーラムとは毎年、4月中旬から下旬に開催される東京都中小企業診断士協会の1年目診断士歓迎イベントである。スプリングフォーラムには、東京都の診断協会以外の診断士や協会未入会の診断士も参加できる。2013年のスプリングフォーラムには約1500人の診断士が集まった。筆者も参加したが、これだけ診断士が一斉に集まると爽快な気分になる。

スプリングフォーラムのプログラムは、「協会活動説明」「研究会・同好会等の活動紹介」「支部別活動説明会と懇親会」というのが概ねの流れになる。その中でも1年目診断士にとって一番興味を引くのが、「研究会・同好会等の活動紹介」である。「研究会・同好会等の活動紹介」は、プレゼンテーション形式の説明ではなく、各研究会のブースがあり、興味のあるブースに行って直接会員や担当者から説明を聞くスタイルになる。大学のサークル説明会をイメージすると良いだろう。またブースには研究会以外にも、プロコン塾や診断協会と連携しているNPO法人や社団法人も参加している。各ブースとも研究会の特色を活かしており、ブースを見てまわるだけでも十分楽しめる。

「研究会・同好会等の活動紹介」の時間は毎年90～120分のため、全てのブースをまわることは難しい。そのため、スプリングフォーラムに参加すると案内冊子がもらえる。その案内冊子を見て、話を聞きたい研究会を絞り込んで作戦を立てよう。1年目診断士は、見るもの全てが新鮮なため、つい多くのブースをまわり過ぎて収拾がつかなくなることがあるので、その点からも絞り込んでおこう。

スプリングフォーラムは規模も別格だが、東京都以外の診断協会でも、1年目診断士歓迎イベントが行われているところもある。診断士の世界を知るためにも積極的に参加しよう。

プロコン塾でステップアップ！

診断士として中小企業を支援していくためには、試験を合格しただけではなく、それ相応のスキルが必要になる。それを後押ししてくれるのが、診断協会主催のプロコン塾である。名称こそ微妙に違うが、各都道府県の診断協会で多く開催されている。特に規模の大きい東京都の診断協会では、本部と支部毎に開催され、さらに最大規模を誇る中央支部は、ものづくり、講師、ファッションなどテーマ別の18（平成30年4月1日時点）のプロコン塾が開催され、これらの中央支部のプロコン塾は「マスターコース」と呼ばれている。

プロコン塾のカリキュラムは、経営計画策定、創業支援、事業承継などの経営診断スキルを1年かけて学ぶところが多い。プロコン塾によっては、合宿や実際に企業に出向いて経営診断を行うこともある。講師は実績のある診断士がほとんどだが、外部の専門講師を呼ぶプロコン塾もある。

金額は、1年間のコースで5万円～30万円とバラツキがあるが、10万円前後というのが多数派だ。このプロコン塾と同等な民間企業が主催するコンサルタント養成講座を受講すると、半年で30万円以上する講座も多く、診断協会のプロコン塾はコストパフォーマンスが高い。

プロコン塾の参加資格は診断協会会員であることが原則だが、これから入会する新規会員もほぼ受け入れてくれる。所属する診断協会が違う場合（神奈川県の会員が東京のプロコン塾を受けるなど）は、各プロコン塾によってルールが違うので問い合わせてみよう。

参加する診断士は、独立して間もない診断士や将来独立したい企業内診断士が多い。また企業内診断士の場合は、プロコン塾受講期間中に気持ちが高まって思わず独立する診断士もいるようだ。

東京は、プロコン塾だけでも相当な数があるので、どこが良いか迷う。またプロコン塾はカリキュラム修了後の仕事への結びつき具合も、プロコン塾によって違ってくる。ゆえにプロコン塾に興味を持ったら、先輩診断士や横の診断士のつながりからの生の情報を仕入れよう。自分にあったプロコン塾を検討し、充実した診断士ライフをおくってほしい。

09 企業内診断士の生き方
組織で活躍する診断士の未来形

キャリアアップとしての診断士

一般的に士業というと独立のイメージが強いが、診断士の場合はそれが当てはまらない。最近は独立診断士も増えているものの、診断士全体の5～6割が独立をしていない企業内診断士である。

診断士の知識は、戦略立案から人事管理など管理職のマネジメントスキルに直結する。また問題解決力を活かし、法人向け提案営業にも活用できる。これらのように、企業内で診断士の知識を活かせる場面は多く存在する。このような理由から、アサヒビールやNECでは、会社をあげて診断士取得を奨励しており、診断士の世界でも有名である。

そして2018年は、企業内診断士に大きな変化をもたらす年になった。平成29年3月28

日、働き方改革実現会議決定を踏まえ、政府はサラリーマンの副業解禁に大きく舵を切った。それまでサラリーマンの副業はグレーゾーン的扱いだったが、政府方針に歩調を合わせるように、公的機関でも副業セミナーが開催されるようになった。これからは企業内診断士も、副業診断士として社外で活躍できるチャンスが増えるだろう。

副業診断士のメリットは、まず安定収入源を確保しながら、診断士活動の副収入を得られることだろう。独立の場合は、まず生活維持の収入をどのように確保するかが重要になるが、副業診断士の場合はその心配がない。

また、いきなりの独立開業はリスクが大きいので、副業診断士期間を、自身が診断士業界で生きていけるかどうかの手応えをつかむ助走期間にすることができる。副業診断士になったからといって、必ずしも独立開業する必要はなく、パラレルワークとして診断士活動を続け、会社では得られないキャリアを積み、企業内で活かす道もある。

これらのようにメリットも多い副業診断士だが、やはり留意しなければならないこともある。それは会社で不利な立場になるリスクだ。政府が副業を推進しているといっても、社風により副業を容認しない会社もまだまだ多い。このリスクにどう対処するかが、副業診断士成功のカギになるだろう。

IT系のステップアッププラン

診断士と名刺交換をすると、大手IT系企業の名刺をよく見かける。実は、ITと診断士の知識は相性が良い。ITを活用して業務効率やビジネスモデル構築をしようとする時に、診断士の知識が大いに役立つからである。また仕事を依頼する方から見ても、ビジネス知識を持つSEは信頼されやすい。

筆者は会社員時代に、業務改革プロジェクトというものに参画していた。この業務改革プロジェクトとは社内のメインコンピューターシステムを入れ替えて、それに合わせてビジネスモデルも変革するという取り組みである。そのため、プログラマーやSEと仕事をする機会が多かったが、よく不満に思うことがあった。それは「一般的にはどういう受注処理画面がよいのか」「どういうデータベース設計にすると効率的なのか」など質問をしても、戻ってくる回答は「お客様によって違うので、何ともいえない」ばかりで、ほとんど提案がないのである。そんなこともあり、プロジェクトは迷走を続けた。

ある時、筆者はプロジェクトリーダーに抜擢された。すると対応するSEも、担当者レベルからリーダーSEに変わっていった。このリーダーSEは先と同じ質問をしても「御社の業務を考えると、こんな画面が使いやすいでしょう」「こういうデータベース設計にすると、後々の保守が容易になるでしょう」という提案を含めた回答が返ってくるのである。筆者はこのリーダーSEに絶大な信頼を置いていた。ビジネス知識があるSEは、仕事を依頼する方からすると頼りになる存在だ。

IT業界には「プログラマー35歳定年説」という言葉がある。筆者がプロジェクトを行っていた時の担当SEの月間残業時間は約300時間と話していた。体力的にも若い人でないと厳しい。また最新のIT技術を習得するのも、若い人の方が吸収力が高い。そう考えると、IT系管理職が次のステップとして診断士を目指すのもうなずける話だ。もちろん診断士の知識は、お客様に満足の得るシステムの提供だけでなく、プロジェクトマネージャーとして、プロジェクト管理を行う時にも役立つことは間違いない。

近年はIT活用による生産性向上や働き方改革が叫ばれており、取得すれば大きなシナジー効果が得られるのでぜひチャレンジしてほしい。

自己申告制度を使って経営企画室へ

ある程度の規模のある企業に設置されている部署が経営企画室である。会社の組織図を見ると、社長や役員会の少し下に位置していることが多い。企業、環境の現状を把握し、経営陣の方針を踏まえ、経営戦略を立案し、現場との調整などの仕事を行っている。他にも海外展開、M&Aなど業務内容は多岐にわたる。ゆえに、幅広いビジネス知識を必要とするため、診断士との相性はすこぶる良い。会社に自己申告制度があるなら、経営企画室への異動の希望をしてみよう。診断士のスキルが思う存分発揮できるはずである。

しかし、一方で気をつけることがある。それが診断士受験にでも出てくる分析麻痺症候群(※1)というものだ。これは経営企画室と現場との剥離によっておこるものだが、筆者もこの分析麻痺症候群に近い罠にはまったことがある。

筆者は会社員時代に、経営企画室で診断士の知識を活かし様々な企画提案を策定していった。ところが、企画提案をすればするほど現場からできない理由を並べられ反発にあい、ほとんどの案はお蔵入りになった。

経営企画室というのは、会社の企業風土によっては現場が不信感を持っている場合がある。

※1　「計画」を経営企画室が策定、「実行」を現場が実施する場合、計画が現場の実態と剥離し不信感が生まれ、計画が実行されない状況のこと。トップダウンで押し切ろうとして、現場のモチベーションが下がることもある。

社歴も経験もある現場管理者に対し、上から診断士の知識を振りかざすと、内容にかかわらず反対されることがある。

ゆえに、経営企画室に配属になった時に必要なのは現場とのコミュニケーションである。経営企画室に配属された以上、経営者の意向を踏まえた企画や計画を策定しなければならない。その一方で現場からの「納得」を得ないと現場は動かないのである。ところが、現場を「説得」しようとして失敗することが多い。経営企画室で活躍を目指すなら、現場とのコミュニケーションをとり、経営者も現場も「納得」できる企画や計画策定を心がけよう。

副業診断士のお仕事と正体は？

副業診断士はどのようなものかについて、香川県の荻田勝司中小企業診断士にお話をうかがった。荻田氏は製造業のサラリーマンとして活躍する一方で、大手資格受験校の中小企業診断士講座講師や公的機関の窓口相談も行っているスーパー副業診断士である。

まず一番気になる会社や家庭との両立はどうだろう？　「最初は会社からも何をしているのだ、と思われたこともありましたが、今は理解してもらっています。家庭の方も、子供が小さいうちは、週末は家にいるようにしていました。今は子供も大きくなったので、家庭の方も今は特に問題はありません」会社や家庭の理解は、副業診断士の大きな課題だが、会社も家庭も副業で迷惑や負担をかけないことがポイントになるようだ。

家庭の両立では、「定期的に休みを確保して、家族サービスをする」、「マメにパートナーにメッセージを送る」、「家庭では苦行の雰囲気をかもしだす」という声も聞かれる。

また会社との両立を図る上で、守らなければならない義務もある。第一に「競業避止義務」。会社の自身の立場を利用し、会社と同じ仕事をして利益を得ることである。すでにコンサルティング会社勤務の診断士が副業で経営コンサルティングを行うと、これに違反する可能性がある。

次に「秘密保持義務」。会社の職務上知った秘密や個人情報を、自身の副業に流用すると、これに違反する可能性がある。

最後が「職務専念義務」。会社の就労時間中には、会社の職務に集中しなければならない義務である。就労時間中に、隠れて副業の仕事をするというのはもってのほかである。これらに違反すると、懲戒解雇や損害賠償になる可能性もあるので留意しておこう。

次に副業診断士をして良かったこと、大変だったことは何だろう。「診断士を通して、本業と関係する人脈が増えたことです。本業とのシナジーもあったので、そのおかげで会社から診断士活動の理解を得られたと思います。大変だったことは、行政機関で相談者の開拓に苦戦したことですね」副業診断士のシナジーを活かして会社に貢献した良い事例だろう。副業診断士を始めたからといって、将来独立しなければならないということはなく、副業診断士のまま社内のキャリアアップにつなげても良い。一方で、時間的制約があるのが副業診断士のウィークポイントだ。近年は、公的機関に所属する診断士も、相談者の開拓をしなければならないケースも増えてきており、副業診断士はそのための時間の確保が難しい。

副業セミナーなどで「休みはあるのか？　休みがないとつらくないのか」という質問が出てくることがある。これについて聞いてみると「誤解を招くように聞こえるかもしれませんが、診断士活動は趣味なので、休みらしい休みはないですが、それでつらいと思ったことはありません」これは副業診断士に限らず、一般の副業をしているサラリーマンからも、ほぼ同じ答えをもらった。休みを第一に考えるなら、本業一本でいった方が良いのかもしれない。

最後に、副業診断士のポイントを聞いてみた。「時間の切り分けをしっかりすることだと思います。本業終了後に副業診断士の仕事があるなら、段取りをつけて時間内に仕事を終わらせる。副業も本業に迷惑がかからないように、しっかり時間管理を行うようにしています。その結果、だらだらと仕事をすることがなくなり、生産性は上がったと思います」ポイントは本業と副業のけじめをしっかりつけることのようだ。それにより会社の副業に対する理解も得られるようになるだろう。

筆者が診断士を取得した時は、まだまだ副業は一般的でなく、事実上会社を辞めて独立するしか道がなかったが、今は副業診断士という選択肢が増えた。この選択肢をうまく活用してほしい。

10 企業内診断士の悩みいろいろ

組織人ゆえの不文律と解消法

会社に報告するか？　しないか？

企業内診断士の場合、診断士合格後に悩むのが会社への報告である。

筆者が会社に入った時代は、「出る杭は打たれる」と言われ、診断士のような資格を取っても口外しない方が良いとされていた。しかし最近は、診断士取得に対する企業側の理解も広まっているが、残念ながら理解ある会社ばかりではないのも事実。診断士受験を知られたことで「あいつは会社を辞めるつもりだ」などネガティブキャンペーン(※1)を立てられることもある。他にも「診断士に合格したら、自立できると思われ退職勧告された」「余裕があると思われ、仕事を増やされた」などマイナスに作用する話も耳にする。

一般的に大手企業になるほど診断士取得に対する企業の理解度は高いが、こればかりはその会社や部門の風土によるので何とも言えない。いずれにせよ、会社への報告はある程度のリスクがあることは間違いないようだ。

しかし、そのリスクを小さくする方法はある。まず、受験期間中は会社と勉強はしっかり切り分けることだ。会社は仕事と引き換えにお金を得る場である。会社で診断士の勉強をするなどは論外。たとえ会社が診断士取得を推奨していたとしても、思わぬところで足を引っ張られることもある。会社と勉強のメリハリはしっかりつけよう。

次に、合格後も会社優先の行動を心掛ける。繁忙期や残業を頼まれた時に、診断士活動のために帰ったりすると印象が悪くなる。会社という組織に所属している以上、会社に迷惑をかけないようにしよう。この2つを実践するだけでも、かなり違うはずだ。診断士の勉強していることが知られると、ちょっと仕事でミスをするだけでも「仕事そっちのけで、診断士の勉強なんかしているからだ」と言われることもある。とにかく突っ込まれる隙を与えないように、これまで以上にしっかりと業務を遂行しよう。

※1　競争相手のイメージを落とすような宣伝、広告のこと。元々は選挙戦術の言葉だったが、現在は、競合商品、競合他社のイメージを落とすようなものも含まれる。また誹謗中傷をしまくることを指す場合もある。

企業内診断士の悩みのタネ、実務ポイント

中小企業診断士は運転免許証などと同様、5年に1回更新する必要がある。診断士の更新をするには、『「知識の補充」に関する要件及び「実務の従事」に関する要件を満たし、経済産業大臣に更新の申請』をする必要がある。

「知識の補充」に関する要件をクリアするには、中小企業診断協会などが主催する「理論政策更新研修」を受講すれば良い。「理論政策更新研修」は1回約4時間、平日以外でも、土曜日や祭日にも開催される。5年間で5回以上受講なので、単純計算だと1年に1回行けばよいが、独立診断士はいつでも行けるという油断のためか、5年目に3回受講など後半に集中する傾向がある。

「実務の従事」に関する要件をクリアするには、5年間に30日以上の経営診断を行う必要がある。独立診断士ならば、ほぼ問題なくクリアできる。筆者も独立1年目で30日以上クリアした。問題は企業内診断士である。「理論政策更新研修」のように休日に講座を受講すれば良いというものではなく、コンサルティング先の企業が必要になる。しかし、普通の会社員がいきなり企業に行って「コンサルティングさせてください!」といって、「はい、どうぞ」と言ってくれる訳がない。企業内診断士は4年目を過ぎた頃から、「実務ポイント(※2)どうする?」と慌て始める。独立診断士ならなんてことはない30日でも、企業内診断士にとっては途方もなく大きな30日になる。

では企業内診断士はどうすれば「実務の従事」に関する要件をクリアできるか? まず診断

※2　診断士資格の更新に必要な点数のこと。実務1日を1ポイントとしてカウントし、30ポイント以上必要になるため、30日以上の経営診断が必要ということになる。単なる調査・分析、セミナー講師、執筆活動は実務ポイントにならないので注意しよう。

協会が主催する「診断実務従事」への参加がある。内容的には診断士試験合格後に受けた実務補習とほぼ同じで、指導員が1人付き診断士6人程度で経営診断を行う。お金がかかるのが難点だが、指導員のアドバイスも受けられるので診断実務のブランクがあいてしまった企業内診断士には良いだろう。

もう1つの方法が診断協会や研究会のつながりを辿って、無償コンサルティングを紹介してもらうことだ。昔は、無償コンサルティングは実務ポイントとして認められなかったが、現在は無償コンサルティングでも実務ポイントとして認められるようになった。しかし、無償だからといって、適当な診断報告書を作成してしまうと、紹介してくれた診断士の顔を潰してしまうことになる。それは自分の信用を落とすことになるので全力をつくそう。

また診断士のメーリングリストに登録していると、実務ポイントがもらえる案件が募集されることがある。実務ポイントがほしい場合は積極的に応募してみよう。

どうしても実務ポイントが30ポイント貯まらなかったら、最後の手段として休止がある。休止は最大で15年間まで認められ、休止期間中であっても経営診断の業務を休止している旨を伝えることを条件に、「中小企業診断士」を名乗ることもできる。この15年の間に、一定の条件を満たせば、再び診断士として復活できる。企業内診断士にとってはありがたい制度だ。

企業内診断士の中には「もう面倒なので更新しない」という人もいるが、取得した時の苦労を考えると勿体ない話である。今は必要がなくても15年の間に社会状況などが変わり、必要になることも十分考えられる。とにかく失効だけは避けよう。

Column CASE 2

中小企業診断士試験は実務に役立つのか？

筆者の受験生時代から、「診断士試験は、実務の役に立つのか？」という話題が受験生仲間の中であがっていた。診断士試験は試験である以上、必ず絶対的な答えがある。しかし実際のビジネスには絶対的な答えがない。そんなことから「中小企業診断士試験はあくまで試験なので、実務では使えない」という声も少なくない。しかし創業10年を迎えた筆者の個人的見解は「中小企業診断士試験は、診断士実務でも役に立つ！」である。ではどこが、どう役に立つのか？

まず2次試験については、行政関係に提出する事業計画書作成の役に立つ。筆者も補助金申請の支援をする時があるが、その時に必要となるのが事業計画書。その事業計画書は、そのビジネスの「市場性」、「独自性」、「実現可能性」、「社会性」を網羅する必要がある。またパートも大きく「戦略パート」、「マーケティングパート」、「財務パート」に分かれている。この考え方は、診断士2次試験そのものである。診断士試験と異なるのは設問があるか、ないかであろう。

2次試験では、その企業の概要がわかる2ページ程度の与件文があるが、これも実務に近い状況である。事業計画書を作るときには、中小企業事業者からヒアリングを行うが、実際にヒアリングできる情報は与件文2ページ程度なのである。その少ない情報から事業計画を作成する必要があり、まさに2次試験そのものである。

また近年、行政関係に提出する事業計画書は「事業計画は5ページ以内」などページ数に制限が付くことが増えた。これも、2次試験の解答をコンパクトにまとめる力が役に立つ。

では1次試験はどうだろう？　1次試験は、第1章でもお伝えしたように7科目ある。筆者の個人的見解で、これら7科目のうち診断士実務で1番役に立った科目は「中小企業経営・政策」だ。多くの人は「企業経営理論」と思い、意外と感じた人もいるのではないだろうか？

なぜ「中小企業経営・政策」かというと、実際の中小企業経営者からの多い相談内容に、「自社が使うことができる支援制度はありませんか？」があるからだ。この時に、しっかり支援制度の内容を話せると、相談者の満足度は高まる。また行政関係に提出する事業計画書を作成する時も、市場性を考える時には、まず中小企業白書の統計資料から入ることも少なくない。

診断士試験では、「中小企業経営・政策」は中小企業白書の関係上、毎年半分は覚えた知識が無駄になってしまうため、ネックになりやすい科目だが、逆に実務になると、診断士ではない経営コンサルタントが支援しにくい分野のため、逆に差別化ポイントにもなる。

筆者が受験生時代、ベテランの2次試験講師が「中小企業経営・政策は、政策1本5万円になると思って覚えるとよい。」と話していた。当時は、その意味がわからなかったが、今になってその意味が身にしみるようになった。

このように診断士試験は診断士実務にも活用できるが、それには診断士試験の本質を理解することが必要だ。1次試験のマークシート対策や2次試験のキーワード対策のように受験テクニックばかりに気を取られると、これらのスキルが身につかない。診断士は合格してからが勝負なので、しっかりとこれらのスキルも身につけてほしい。

第3章

中小企業診断士の仕事
[3大業務で何をする?]

11 中小企業診断士の3大業務

考える仕事、話す仕事、書く仕事

「経営コンサルティング」「講師」「執筆」

診断士の業務を大きく分けると「経営コンサルティング」「講師」「執筆」に分けられる。

この3つの中で、診断士のイメージとして浮かびやすいのが「経営コンサルティング」だろう。経営コンサルティングとは、クライアントである企業に対し、現状を分析し問題点または機会を発見、対策立案を行うことである。診断士のコンサルティングを大きく分けると、公的機関経由か民間企業との直接契約にわかれる。さらに長期継続かスポットかにより、下のマトリックスに分類される。

顧問契約が取れるとビジネスが軌道に乗りやすくなるが、最新のアンケートによると顧問契約がある診断士は37%(※1)。これには税理士や社会保険労務士などのダブルライセンスが含まれるので、診断士単独となると少数派になる。

次に「講師」。一般の人には、「中小企業診断士＝経営コンサルタント」のイメージが強く、講師のイメージは薄いが、実は「経営コンサルティン

「経営コンサルティング」マトリックス

科目	長期継続	スポット
公的機関経由	窓口相談、プロジェクトマネージャーなど	専門家派遣など
民間企業との直接契約	顧問契約など	補助金支援、銀行融資支援など

※1 一般社団法人中小企業診断協会(https://www.j-smeca.jp/contents/data_index.html)「データでみる中小企業診断士2016年版」のデータより。

グ」と並ぶ2大収益業務である。一般的な講師の分類は「講演講師」「セミナー講師」「研修講師」と言われるが、診断士が活躍する分野は「セミナー講師」と「研修講師」が主になる。また「資格受験校講師」も診断士の世界ではポピュラーだ。講師を主に仕事をしようとするなら、大企業での「研修講師」が目標になるだろう。それ以外に、カリスマ中小企業診断士として、高額セミナー講師を目指すという道もある。

「執筆」は、雑誌や会報などへの「記事執筆」と「単行本出版」などがある。執筆はなかなかお金にはなりにくく、執筆を事業の柱としている診断士はあまり聞いたことがない。「出版=印税生活」を考える人もいるが、余程の大先生にならない限り印税生活というのは夢のまた夢である。

しかし、執筆は高いプロモーション効果がある。自分の名前で「記事執筆」ができれ

「経営コンサルティング」「講師」「執筆」の関連図

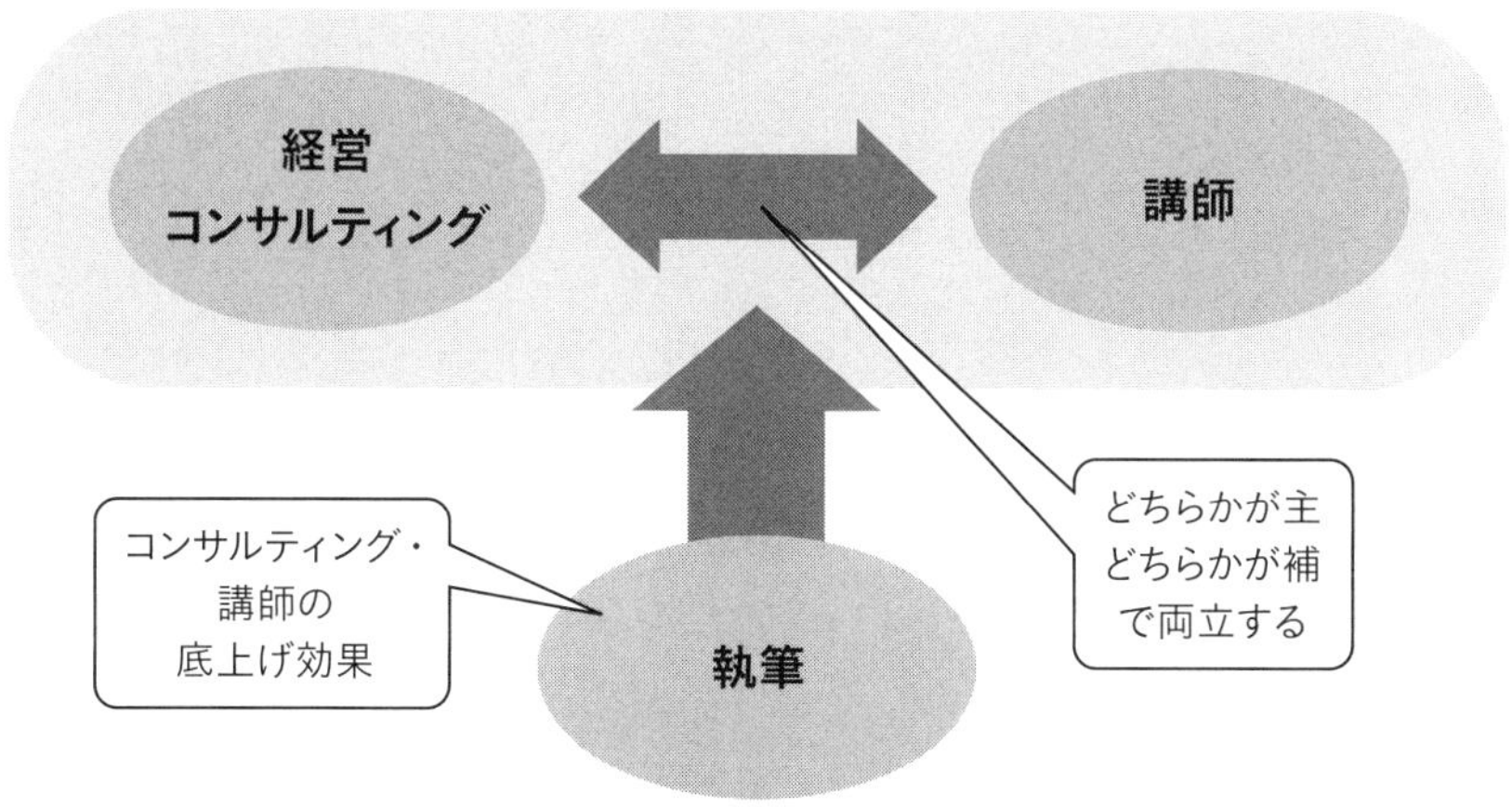

ば、自分の名前を世に広めることができる。さらに単行本の出版は信頼度がアップし、「経営コンサルティング」や「講師」の単価や受注率アップにつながりやすい。

「経営コンサルティング」と「講師」が2大収益業務になるが、重きをどちらに置くにせよ、どちらか一方に絞るのではなく、両方を行うことが望ましい。

「経営コンサルティング」を主に仕事をする診断士には「僕は人前で話すのが苦手だから」と「講師」をしない人もいるが、セミナーを開催し、そこからコンサルティングに結びつけるビジネスモデルもあるので、「講師」をしないのは機会損失になる。

逆に「講師」はするけど「経営コンサルティング」はしないとなると、講師として話せる事例が蓄積しない。講師の差別化のポイントは、どれだけ話せる事例があるかである。時代の変化が激しい現代、常に新しい事例を取り入れないと講師として飽きられてしまう。新しい事例を取り入れるためにも、コンサルティング的なことも行いたい。

診断士の戦術は、「経営コンサルティング」「講師」「執筆」を単独で行うのではなく、それぞれをうまく組み合わせて、シナジー効果を図っていくことがポイントになる。

診断士にとってのライバルは？

診断士として仕事をしていく以上、ライバルは存在する。では診断士にとって、最大のライバルは何だろうか？　まず浮かぶのが、同業の診断士である。同業の診断士は協力しあう仲間であり、競争するライバルでもある。また独占業務がないがゆえに、診断士以外の経営コンサルタントも手強いライバルだ。さらに講師を主としている場合は、他の研修講師もライバルになる。しかし筆者は、最大のライバルはインターネットと考える。

例えば、「新しい補助金の活用法を知りたい」と思う経営者がいたとする。インターネットがない時代なら、最寄りの公的機関か診断士などの専門家に問い合わせるだろう。勉強熱心な経営者なら、セミナーに行くかもしれない。

しかし、現在はインターネットがあるので、ある程度パソコンが使えればインターネットで調べられる。現在では特設サイトがあることも多く、それを見れば、申請方法の手順から必要書類のフォーマットまで手に入る。さらに、入力画面から必要事項を入力すれば、自動的に必要書類を作成してくれるサービスや、SNSなどから実際に活用した人の裏話まで手に入ってしまう。さらに今では動画による解説もあり、ここまで便利になると、専門家に問い合わせるよりも、ヤフー!やグーグルで検索した方が早い上に煩わしさがない。

しかもインターネットの情報は恐ろしいことに「無料」である。つまり、インターネットと同じ情報やサービスを提供しているということは、「無料」のインターネットと価格競争していることになるのだ。これは経営コンサルティングだけではなく講師も同じ。無料のインターネットから全ての情報を調達し、まとめているだけでは単価アップは難しい。無料で膨大な情報を持つインターネットと、いかに差別化するかが診断士の生き残る道である。

インターネットをどう味方につけるか

診断士にとって脅威となるインターネットだが、これからはこのインターネットをどう味方につけるかが、診断士生き残りのカギになりそうだ。

2020年は新型コロナの影響で、診断士業界にインターネット活用の波が押し寄せた。これまで対面だった経営コンサルティングやセミナーに、ZOOMなどのWEB会議ツールが使われるようになった。それまでオンライン活用に懐疑的だった診断士も、緊急事態宣言以降使わざるを得ない状況になった。ところがいざ使ってみると、場所を選ばず会話ができ、移動時間や交通費も使わずに済み、あっという間に普通に使われるITツールになっていった。

さらにユーチューブに代表される動画サイト活用の波も出てきており、ユーチューバー的な診断士も徐々に出てきている。

動画サイト活用にもやはり目的が必要であり、再生数を伸ばして広告収入を得るのか、経営者の興味を引く情報を発信して顧問先やオンラインサロン会員を増やすのか、オンライン上の表現力をアピールしてオンラインセミナーの獲得を目指すのかなどにより、発信する動画の内容や動画サイトに誘導するためのSNSなども異なってくる。

また動画品質の向上にためには、ある程度の設備投資や動画特有のプレゼンテーション技術も必要になるが、2020年時点では、流行りなのでとりあえずスマートフォンでやってみたという人も多く、まだ発展途上な状況。これを逆手に取ると、他者に先駆けて着手すれば、先行者利益を得ることも可能だろう。

診断士が事業者に対してインターネット活用の指導をするように、診断士もさらなるインターネット活用が求められる時代になってきた。これから次々と世に出てくるインターネットツールを、いかに使いこなし活用していくかが、IT時代の診断士の戦い方になっていくだろう。

12 やっぱり人気のコンサルティング どのセグメントで勝負するか？

公的機関で働くには？

診断士の働き方として、公的機関での経営支援がある。筆者の同期診断士にも、診断士取得を機に公的機関に転職した人もいた。

公的機関では大きく、雇用契約となる職員と、業務委託契約となる専門家に分かれる。大都市圏の商工会議所や公益法人などでは、職員は行政関係の手続き、専門家が中小企業支援と役割分担されることが多いが、地方の商工会などでは、職員が行政関係の手続きと中小企業支援を兼務することも多い。

職員は大きく、フルタイムの正規職員と、1年以内の契約となる非常勤職員に分かれ、責任や役割が異なってくる。公的機関の職員というと、公務員的なイメージがあるため仕事が楽と思う人もいるかもしれないが、それは大きな間違いで、プロパーの正規職員は夜遅くまで仕事をしていることも少なくない。

専門家は、専門スキルを生かして月4日〜15日程度定期的に勤務し、経営指導がない時には、イベント企画や運営、集客やSNSなどの原稿作成などの仕事もある。

公的機関職員の募集は、ハローワークインターネットサービスで検索でき、待遇面に関しては団体によりまちまちなので、そちらを見てもらえるとよいだろう。

一方、専門家の募集は各団体のホームページを確認することになるが、まとめて調べるなら、「中小企業支援サイト　J-NET21(https://j-net21.smrj.go.jp/)」がある。このJ-NET21の「支援情報ヘッドライン」を見ると、公的機関の募集情報が掲載されており、リンクも貼られている。こちらは報酬的に1日あたり2万円～3万円が多い。

募集時期は、業務開始が4月1日スタートが多いため、必然的にその直前である1月下旬から2月に集中する。公的機関を狙っている診断士は、この時期の募集情報に目をはなさないようにしよう。応募については、履歴書・経歴書が基本になり、作文や小論文、専用シートの記入など書類が多く手間もかかる。就職活動に戻ったつもりで、しっかりと書き上げよう。

筆者は、仕事的に公的機関勤務が多いが、すると他の診断士から「公的機関ばかりですと、稼げないですよね?」とか「サラリーマンと変わらないので、独立した意味がないのではないですか?」とか聞かれることもある。顧問契約や大企業からの企業研修と比較すると、報酬だけを見れば安いかもしれないし、週3～4日決められた時間に勤務していると、サラリーマンと変わらないように見えるかもしれない。しかし、公的機関の内部で仕事をしていると、国や自治体の中小企業支援の動きや体制を肌身で知ることができ、複数の中小企業経営者の生の声を聞くことができる。これはお金だけでは測れない価値だと思う。

かつては、手をあげれば誰でもできた時代もあったと言われる公的機関業務だが、近年の東京近郊では、公的機関専門家の人気は高く、募集定員1名に対し、50人以上の応募があるとも言われ、診断士受験よりも狭き門となっている。本気で目指すのであれば、しっかりとした対策を立てる必要があるだろう。

経営革新計画って何なのさ？

「経営革新計画」とは、中小企業新事業活動促進法（※1）に基づいて、新商品の開発や新たなサービス展開などの取り組みと具体的な数値目標を含んだ、中小企業が作成する3〜5年のビジネスプランである。この「経営革新計画」を都道府県に申請して承認を受けると、中小企業は、政府系金融機関の低利融資、信用保証の特例、補助金申請時の加点、課税の特例等、様々な支援を受けられるというとてもありがたい政策である。この「経営革新計画」の作成も診断士の主要な仕事である。

経営革新計画は、商工会・商工会議所が出所になることが多く、商工会・商工会議所で経営革新セミナーを受けた経営者から募集したり、経営指導員が探したりして希望者を集める。その希望者をコンサルティング会社や診断士に振り分ける。

実際の作業は、経営革新計画のフォーマットがあるので、それに基づいて計画を作成する。手順的には「SWOT分析→ビジョン策定→新規事業のテーマ→補足説明→販売計画→投資計画→雇用計画→売上利益計画→行動計画」の順にヒアリングをしていきながら策定していく。ある程度完成をしたら申請書を作り、公的機関へ申請に行き、経営者が公的機関の担当者に対しプレゼンテーションを行う。診断士もそのプレゼンテーションに立ち会い、公的機関の担当者から修正依頼があれば対応する、というのが一連の流れになる。

経営革新計画を作成していると、時々経営革新計画を作ることが目的になり、机上の空論になる可能性があるので、リアル感を忘れてはならない。また数字を扱う資料も多いので、数

※1　中小企業経営革新支援法、中小企業の創造的事業活動の促進に関する臨時措置法、新事業創出促進法の3法律を整理統合して平成17年に施行された法律。異分野の中小企業がお互いの「強み」を活かした新事業活動の支援を主な目的としている。

字の整合性にも気を使わなければならない。

経営者によっては、経営革新計画は作りたいけど、ビジネスのアイデアがないなど、大変なこともあるようだが、「経営革新計画の承認が降りたことよりも、診断士の先生とお話して、いろいろ経営について考えさせられたことの方が意義深かった」と言われ、やって良かったという声もあった。経営者から感謝されるのは嬉しいことだ。

根強い人気の補助金・助成金

診断士の中でも根強い人気のお仕事が、補助金・助成金のコンサルティングである。事業者側からみて補助金・助成金の最大の魅力は、交付されたお金を返す必要がないことである。そのため、補助金・助成金関係のセミナーは人気が高い。

補助金と助成金の違いは一般的に、ある一定の条件を満たしていれば申請でき、予算を使い切ったら公募期間中であっても受付終了になるのが助成金、公募期間中に事業計画書などを提出し、採択された者だけが交付対象になるのが補助金と言われているが、近年は言葉の定義も曖昧になっており、公募要領を読んで判断することになる。ゆえに筆者は、前者を先着順型、後者を大学受験型と言って区別している。

また大学受験型は経済産業省系に多く、先着順型は厚生労働省系に多いため、診断士の出番は大学受験型の補助金・助成金になる。診断士が行う補助金・助成金支援では、事業計画書作成支援がメインとなる。

申請時に必要となる補助金・助成金の事業計画書には、補助金・助成金毎の申請用フォームがあることがほとんどだが、だいたい大きな枠が3～4程度あるだけで、細かく記載項目は分かれていない。ゆえに、その大きな枠の中を創意工夫して作り上げていくことになる。

事業計画書作成支援のスタイルは、大きく事業者が作成した事業計画書に対しアドバイスをするスタイルと、イチから作成指導をして事業者といっしょに作り上げるスタイルにわかれる。もちろん、難易度は後者の方が高く、自分流の事業計画書作成の「型」が確立している必要がある。なお筆者は、自分流の事業計画書作成の「型」を確立しており、それを拙書「起業のツボとコツがゼッタイにわかる本(秀和システム)」にまとめている。筆者のノウハウを盗みたいという人は、ぜひ読んでみてほしい(笑)。

補助金・助成金では、申請時に加え、精算時にも報告書や領収書、請求書など膨大な書類が必要となる。そこまで面倒みるか否かは、診断士によって異なるが、診断士は国が認めたコンサルタントの国家資格である以上、最後の精算時までフォローするべきであると考えている。

診断士にも事業者にもメリットがある補助金・助成金制度だが、その一方で落とし穴もある。まず事業者側の落とし穴として、補助金・助成金ありきの経営になってしまうことがある。本来、補助金・助成金は経営の一部を補助するための資金だが、補助金・助成金の蜜の味を知ってしまい、経営努力を怠る恐れがあるのだ。

診断士側の落とし穴として、悪徳補助金コンサルタントに陥るリスクがある。具体的手口としては、事業者に「何もしなくても、リスクゼロで補助金を獲得できますよ」と完全成果報酬で営業を仕掛け、独自のテンプレートを使い、事業者不在で事業計画書を作成する、というものである。この架空の事業計画で採択されたとしても、補助事業の実施は事業計画に基づくので、事業者も補助金を活用することが難しくなる。そしてこのような補助金コンサルタントは、精算のフォローはまずしないので、結果的に事業者が泣くことになってしまうのだ。もちろん、このようなことには国や自治体もしっかり目を光らせており、WEBサイトなどで注意喚起を促している。

補助金・助成金コンサルティングは、診断士でなくてもできるので、こんなことをする診断士はいないと信じたいが、もしこんな診断士がいたとしたら、即刻中小企業診断士のライセンスを返上してほしい。中小企業診断士は国が認めた経営コンサルタントという誇りを忘れてはいけない。

事業者にとっても診断士にとっても、うまく使えば良薬、誤った使い方をすると麻薬にもなる補助金・助成金。正しい使い方をして、経営に役立つように活用してほしい。

関係性づくりがポイントの専門家派遣

診断士が行う経営コンサルティングに専門家派遣がある。専門家派遣とは、商工会議所や中小企業支援センターなどの公的機関が、診断士などのコンサルタントを中小企業に派遣し、経営課題解決を支援するシステムである。中小企業は派遣回数に制限(3〜8回ぐらい)はあるものの、その間は無料で支援が受けられ、派遣されたコンサルタントは公的機関から謝金をもらうという仕組みになっている。ミラサポ専門家派遣(※**2**)や商工会・商工会議所のエキスパートバンク(※**3**)が有名である。

公的機関から派遣されるコンサルタントになるには、それぞれの公的機関に専門家として

※2 中小企業・小規模企業の経営をサポートする情報サイト。中小企業庁の委託事業。専用サイトから自分にあった専門家を直接選んで支援を受けられる専門家派遣事業が特徴のひとつだったが、現在は照会のみとなっている。2020年4月より「ミラサポPLUS」に移行されている。

※3 商工会・商工会議所が実施する小規模事業者向け専門家派遣事業。年3回以内などの制限があるが、費用は無料。地元の商工会・商工会議所が窓口になっている。

登録する必要がある。登録には「募集↓履歴書・経歴書」が基本で、原則1年毎に更新になる。

専門家として登録ができれば、後は公的機関からの依頼を待つ。派遣依頼がきたらクライアント企業とスケジュールを調整して訪問する。その際に公的機関の職員またはコーディネーターも同席し、決められた回数の中で中身のある支援計画を練り上げ、支援を実行していくという流れになる。

しかし、登録はできたものの実際の依頼は来ないということは普通にある。公的機関には専門家のデータベースがあり、それから中小企業に派遣する専門家を検索できるが、そのデータベースだけで派遣する専門家を決定することは少ないようだ。ある公的機関の職員に話を聞いてみた。「データベース上の専門家情報の裏付けを取るのには時間がかかり、取れない可能性もある。その専門家がどんな人かわからないまま、中小企業に派遣するのにはリスクが大きい。勝手知ったる専門家なら、力量も把握しているので自信を持って中小企業に送り出せる。余程の有名人や実績がある専門家でない限り、データベースだけでは判断しない」データベースに加えて、「人のつながり」が重要なようだ。

また専門家として登録していなくても、口コミや紹介で専門家派遣の依頼がくることもある。これも関係者に話を聞いてみた。「我々にとって大切なのは、タイムリーにクライアントにサービス提供することです。このクライアントに最適と思う専門家がいれば、登録がまだでも、その専門家に支援をお願いすることもあります」専門家派遣は、クライアントである中小企業にどう役に立てるかも大切なようだ。

これから専門家登録する人にメッセージをもらった。「専門家派遣にはスキルや実績と同時に人間関係がとても重要です。良い先生は口コミですぐに広がります。良い先生を呼び、良い先生に影響を受けたクライアントは、別のクライアントに紹介もします。可能であれば、近隣一体に専門家登録しておいた方が良いでしょう」専門家派遣には、スキルや実績だけでなく、親身な対応や人間関係の構築もポイントになるようだ。

勉強要素満載の商店街支援

みなさんの地域に商店街はあるだろうか？　昨今は、大規模ショッピングセンターやカテゴリキラー（※4）の出店で、シャッター商店街（※5）に追い込まれている商店街も増えている。この商店街の支援も診断士の仕事である。

商店街支援の流れは、通行量調査や周辺環境などのデータを収集し報告書を作成。その後、商店街全体や個店の魅力を高めるためのアドバイスを行う。さらに月に1～3回ほど伺い、商店街メンバーの方たちと話をして、進捗の確認、個別の相談、様々なアドバイスを継続的に行っていく。

駆け出し診断士は交通量調査から始めることもあり、真冬や真夏には温度調整が大変。さらにカウンターを使って「カチカチ」とカウントするだけの作業のため、「診断士の仕事って、こんなに地味なのか」と思うこともある。

また商店街は一店舗毎に独立した経営者のため、意見のとりまとめにも苦労する。仮に対策案がまとまったとしても、これを実行段階に移そうとすると「うちは忙しい」「うちの業種は特殊なので」と引き始める経営者もあり、足並みをそろえた行動も難しい。

※4　食品、衣料品など特定分野の商品において圧倒的な品揃えで低価格大量販売をする小売業。同じ商品群の小規模小売店が撤退に追い込まれることから、この名前がついた。玩具の「トイザらス」や衣料品の「ユニクロ」が代表例。

※5　商店が閉店・閉鎖し、シャッターを下ろした状態が目立つ商店街。診断士が対応する都市問題のひとつである。

しかし商店街支援は、飲食店、小売店、理髪店など多くの業種を一度に見ることができ、経営診断の勉強になる。さらにいろいろなタイプの経営者と接することで、コミュニケーション力も磨かれる。駆け出し診断士の第一歩としては、勉強になることが満載だ。

商店街支援は、数年携わると卒業していく診断士が多く、ゆえに駆け出し診断士が携われる可能性が高い。これから診断士活動をしていくなら積極的に携わっていこう。

13 「講師」としての生き方
華やかな表舞台とシビアな裏舞台

講師業界の変遷

個人的な意見として、士業業界以上に業界動向が変化しているのが講師業界ではないかと思う。筆者が診断士登録をした2010年頃に、講師ブームが訪れていた。講師の需要が高まるブームなら願ったり叶ったりなのだが、そうではなく講師になりたい人が増えたブームだった。

当時は、士業だけではなく、キャリアカウンセラー、コーチ、ファイナンシャルプランナーなどの有資格者も仕事の幅を拡大するために講師業に進出。さらに経営破綻した大手航空会社から、CAがマナー講師に転身。業界的にも「はじめて講師を頼まれたら読む本(大谷由里子著、中経出版)」がベストセラーとなり、あちらこちらで講師養成講座や発掘イベントが立ち上がった。また地方から見たとき、当時は「東京の先生」のブランドイメージが高かったこともあり、東京に本拠地を移す講師もいた。

しかし、これだけ講師になりたい人が増えると、必然的に競争が激化し、一部の人気講師を除くと、登壇件数も減り単価も下がっていった。さらには増え過ぎたことで「東京の先生」のブランドイメージも低下し、企業や研修会社から「交通費を削減したいので、地元で良い先生がいたら紹介してほしい」という声も聞かれるようになった。

逆に講師を発注する企業側からすると、超買い手市場のため、良い講師を選びやすくなり、コンテンツ、プレゼンテーション力、サラリーマン時代の実績・経歴・肩書きなど3拍子揃った講師が好まれるようになった。しかしこの内、サラリーマン時代の実績・経歴・肩書きは後付けの努力では埋めることができないため、自助努力だけではどうにもならない世界になったとも言えよう。これらの結果、講師ブームは徐々に沈静化していった。

そして2020年、講師業界を揺るがす大事件がおきた。新型コロナウイルス感染症である。感染拡大防止のために、セミナーや企業研修は軒並み縮小や中止に。専業講師はもちろん、講師業の売上構成が高い診断士は仕事が激減した。ゆえに、新型コロナの影響で需要が増えた窓口相談員に転身した診断士も多かったようだが、経験の少ない窓口相談業務に苦戦したこともあったようだ。

一方で新型コロナは、ユーチューブライブやZOOMを活用したオンラインセミナーという新たな分野を開拓することになった。それまで集合型セミナーにこだわっていた層も、オンラインに着手せざるを得なくなったが、やってみることでそのメリットを実感することができ、新たな支援メニューとして動き出している。

ここ10年間で大きな変化があった講師業界だったが、これからはオンラインを制す講師が生き残る時代になるのではないかと筆者は予想している。

駆け出し診断士の道、資格受験校講師

診断士受験生にとって一番馴染み深いのは、やはり資格受験校講師だろう。筆者も独立後、先輩診断士にまず何から始めれば良いか相談した時、「取り敢えず、資格受験校講師から始めたらどうか」と言われた。

資格受験校講師の良いところは、診断士講座の講師のほとんどが診断士なので、多くの先輩診断士と知り合いになれることである。また講座の年間スケジュールが決まっているため、独立当初の安定収入にもなる。

資格受験校講師というと、教室で授業を行う登壇講師を思い浮かべるが、それ以外にも仕事はある。ひとつが添削講師だ。これは主に2次試験対策の受験生の答案に対し、採点とフィードバックを行う講師である。大規模な資格受験校となると受講者数も多くなるため、添削専門の講師が必要になる。特に公開模擬試験の後は、添削講師がかき集められる。

もうひとつが作問講師である。これは講座や公開模擬試験で使う問題を作成する講師だ。これは1次試験対策と2次試験対策がある。どちらも問題と解答に加えて解答解説まで作成する。この解答解説作成が一番負担の大きい作業である。また2次試験対策の事例Ⅳの財務会計は、貸借対照表、損益計算書、キャッシュフロー計算書などの財務諸表を使うが、この各

財務諸表間の整合性も合わせる必要があるため手間がかかる。ある資格受験校講師は「事例Ⅳと他の事例が同じ金額だと割が合わない」と話していた。2次試験対策の問題は受験校内で評価され、評価が高いものは公開模擬試験、それ以外は講座内の答案練習にまわされることが多い。謝金も公開模擬試験に採用された方が高くなる。

登壇講師は話し方、教え方、雰囲気作りなどが必要になるため、誰でもなれるわけではないが、作問講師や添削講師は比較的ハードルが低いようだ。資格受験校には携わりたいが、人前で話すのはちょっと……という診断士は、まず作問講師や添削講師から入ってみると良いだろう。

また登壇講師は授業のコマ数で講師数が決まるため、必然的に定員がある。かつてはやりたいと手を上げれば誰でもなれたが、現在は大都市圏ではかなり倍率が高くなっている。最大の理由は診断士が増えすぎたことだが、それ以外にも資格受験校講師そのものにやりがいを持ち長く続ける診断士が増えたことも理由だ。大手資格受験校の講師一覧を見ると、筆者が受験生時代の講師もいまだ在籍している。

かつては、つなぎ仕事の色合いが強かった資格受験校講師だが、現在は診断士の主たる業務のひとつになっている。この資格受験校の世界で、カリスマ講師を目指すのも、診断士の道のひとつだ。

診断士なら挑戦したい商工会・商工会議所セミナー

診断士になると一度はやってみたいのが商工会・商工会議所でのセミナーだろう。

テーマ的には経営者向けの経営セミナーが多いが、中小企業に勤務する従業員向けのスキルアップセミナーもある。地域によっては、同じ講師への立て続けの依頼を避けることもあり、安定収入源としては難しい面がある。しかし、商工会・商工会議所の職員同士はよく情報交換をしている。特にセミナー担当者は、評判の良い講師の情報を集めているため、ある商工会・商工会議所で良い評判を得られると、その周辺の商工会・商工会議所から声がかかることもある。うまく入り込めれば、ある地域での商工会・商工会議所間のローテーションも可能のようだ。

また商工会・商工会議所でのセミナーで期待するのが、コンサルティング契約だろう。フロントエンドで商工会・商工会議所でのセミナー、バックエンドにコンサルティング契約と考える診断士も多いが、実際セミナーからコンサルティング契約に至ったという話はあまり耳にしない。時々バックエンドのコンサルティング契約を意識して「ここから先は個別コンサルティングで」というようなセミナー構成にする講師も稀にいるが、商売っ気ミエミエのセミナーを開催すると、受講者のアンケート結果が悪くなり、さらに商工会・商工会議所の担当者の印象も悪くなる。結果、その商工会・商工会議所から呼ばれなくなるだけでなく、その周囲の商工会・商工会議所にも悪い評判が広がる。これは診断士としてダメージが大きいので絶対に止めよう。

商工会・商工会議所のセミナーは、期首に年間セミナー計画を作るところが多く、その計画時に土俵に乗れると依頼される確率が高くなる。ゆえに年間セミナー計画の作成時期を知っておくことが必要だが、これは各商工会・商工会議所によって違う。全体的には2～3月が多いようだ。

商工会・商工会議所のセミナーは謝金もさることながら、実績面での効果が大きい。プロフィールのセミナー実績に記載すれば、診断士としての信用がアップする。チャンスがあれば積極的に登壇しよう。

企業研修講師としてリピートを目指す！

講師を主たる業務としていくなら、最終目標になるのが研修講師だ。しかも狙うなら大企業の研修である。

大企業と中小企業では研修にかけられる予算の大きさが違う。大企業なら1日研修で50万円かけられても、中小企業では6万円が限界ということもよくある。中小企業診断士の理念とは反するかもしれないが、ビジネスとして成り立たせるなら、大企業に入り込めるかがポイントになる。

研修も大きく2つに分けられる。ひとつは研修会社が保有する研修コンテンツを使う研修、もうひとつが、講師オリジナルの研修コンテンツを使う研修である。前者は大手研修会社に多い。研修会社が研修コンテンツを持っているため、講師はそれに合わせるだけで良いが、その分謝金も安め。一般的に1日研修で5～10万円というのが相場。一方、後者は、コンテンツを自分で作り上げる分、謝金も高くなる。初登壇の1日研修でも10万円以上。ベテランになれば40万円以上というのも現実的な金額である。「よし、オリジナル研修コンテンツを作るぞ！」と思った人もいるかもしれないが、そう簡単にはオリジナルは作れない。単純に知識を羅列するだけなら1週間程度でできるが、それではライバル講師との差別化ができない。

研修講師の良いところは、研修先企業から高評価を得られると、来年、再来年とリピートが来やすいことである。もし高評価を得た講師をスイッチして次の講師が低評価になると、人事担当者の責任が問われてしまうため、高評価の講師はリピートになりやすいのだ。

研修の目的は「企業の経営課題の解決」である。ゆえに、研修先である企業の現状を把握し、問題の真因をつかみ、それを解決するための研修コンテンツの提供が必要になる。この話を聞いてピンときた人は鋭い。これは診断士の経営診断とほぼ同じ流れなのである。診断士は受験勉強の中でこの発想が養われているので、研修先企業に合わせた提案書や研修コンテンツを提供しやすい。診断士と研修講師は相性が良いのである。

講師を主とする診断士は、大企業からリピートされる研修講師を目指そう。

エージェント経由か？ 直接取引か？

講師の仕事を取るには研修会社やエージェント会社（※1）に登録する方法と、研修先企業からの直接取引の2つに分かれる。

どちらも一長一短はあるが診断士の場合は、研修会社やエージェント会社に登録する方をすすめる。直接取引の方が全て自分の売上になるため利幅は大きいが、自分で営業活動をしなければならなくなる。営業力に自信があれば良いが、講師は自分が商品である以上、自分で自分を売り込むとどうしても自慢話になってしまう。聞き手にとって、話し手の自慢話ほどうんざりするものはない。

さらに直接受注が増えるほど、請求書送付や入金の確認など事務処理の負担も大きくなる。それをこなしながら経営コンサルティングなども行うとその負担は計り知れない。それらを

※1　講師と研修先、講演先企業をつなぐ仲介業者。研修会社経由の場合は、研修会社の講師として登壇することが多いが、エージェント会社経由の場合は、講師の会社名で登壇することが多い。

考えれば、利幅は減っても研修会社やエージェント会社を経由して、自身はコンテンツ作りや登壇、さらにコンサルティングや執筆に集中した方が結果的に得になることが多い。

研修会社やエージェント会社に登録する方法のひとつに、インターネットからの応募がある。インターネットで「研修講師 募集」などのキーワードで検索をすると、多くの研修会社がヒットする。そのほとんどのホームページには申し込みフォームがあり、そこから応募できる。ところが申し込みフォームから応募しても、登録までたどり着ける可能性は意外と低い。インターネットからの応募は多くの講師が行っているため、本を数冊出版している、メディア出演多数、元芸能人などの光る実績がないとなかなか採用されにくい。

そんな厳しい関門を突破するにも、やはり紹介が基本になる。研修会社やエージェント会社は研修やセミナーの案件が先にあり、それをできる講師を探していることがある。その時に既に登録している講師に相談することも多い。筆者は「輝く!講師・COM」という600人以上の講師のフェイスブックグループを運営していることもあり、講師探しの相談をされることもある。その時に「紹介される人」かどうかがポイントになる。「得意分野がはっきりしている」「時間を守らないなどの悪い噂がない」「登壇を見たことがある」講師は紹介しやすい。声をかけてもらうためにも、日常からこのようなことをしっかりアピールしておくと良い。

また普通の講師登録は、講師登録から仕事までに数ヶ月のタイムラグがあることが多いが、研修やセミナー案件があっての講師登録は、いきなり仕事がある。つまり、そこでしっかりした評価を得られれば、次の仕事にもつながりやすくなる。声がかかった時には、チャンスを逃さないよう精一杯頑張ろう。

オーディションで一発逆転！

「もっと手っ取り早く講師として活躍する方法はないか」というせっかちな方には、オーディションを受ける方法もある。インターネットで「講師　オーディション」で検索すると、何件かヒットする。筆者も、大手レンタルビデオフランチャイザーが主催した「第1回　全国講師オーディション」で入賞したことで、その後の人生が大きく変わった。

オーディションの流れは、大枠はどこもほぼ同じで、「申し込み→説明会→講師プロフィール提出→予選会→本戦」が多い。また説明会と予選会の間に、対策講座がある場合もある。対策講座では、テーマ作りのレクチャーや模擬講義のフィードバックを行う。この対策講座だけでも勉強になるため、対策講座目当てのオーディション参加者もいる。

本戦には、研修会社、エージェント会社の他、出版関係者、映像メーカーなどもスカウトとして参加することがある。本戦まで出場できれば、これらのスカウトの目の前で発表できるのでチャンスが広がる。ゆえに、まず本戦出場が最大の目標になる。

予選会や本戦で発表するテーマは、持ち時間10分程度が多いが、この10分というのはかなり短い。深く考えずにテーマを作ると、肝心なことが伝わらなかったり、尻切れトンボになったりする。時間内でスカウトを感動させるテーマを作るのには、それ相応のテクニックが必要だ。

オーディションは厳しい闘いである。参加者は相当な練習を重ね、本線直前は寝付けないという人も多い。オーディションで一発逆転を考えるなら、この10分に人生をかけるつもりで立ち向かおう。

14 第3の業務「執筆」

自分の価値を上げるプロモーション戦略

初めの一歩、診断士受験関係の執筆

診断士が最初に関わりやすい執筆は、診断士受験関係の執筆である。診断士受験は必ず1年に1回あるので、出版社も著者を探している。筆者も、初めての執筆は診断士2次試験の参考書だった。

診断士受験の執筆は、試験直後の頭がホットな状態の方が良い。診断士受験校講師などをしていない限り、時間が経てば経つほど感覚が鈍る。そのため診断士試験直後の合格者に声がかかりやすい。

また大手資格受験校では、合格者の声などの小冊子を作ることがある。それを見て「この人、良さそうだ」と思われて声がかかることもある。

さらに勉強会の先輩診断士から声がかかる時もある。勉強会の先輩診断士も過去に受験関係の執筆に携わっていることがあり、出版社からその先輩診断士に「いい人がいたら紹介してほしい」と依頼されていることがあるからだ。

診断士受験関係の執筆をしたことで、その後のビジネスにつながるかというと、残念ながら

その可能性は薄い。印税もあることはあるが、お小遣い程度なので、ビジネスとして考えると決して割の合うものではない。

しかし、出版執筆の経験と出版社との接点を持てることは大きな財産になる。筆者も執筆仕事は多いが、最初に携わった資格受験参考書の経験は大きかったと感じている。お金には変えられない価値があることを知っておこう。

ビジネス系執筆の登竜門、診断協会会報の執筆

診断士としてビジネス系の執筆の第一歩とするなら、まず各都道府県の診断協会が発行している会報(※1)(機関紙)から始めてみよう。各都道府県の診断協会は独自の会報を発行していることが多い。

診断協会の会報にどのようにして携わっていくのかを、実践IT研究所(http://london3.jp)の村上知也中小企業診断士に話を聞いてみた。村上氏は「企業診断ニュース」や公的機関のWEBサイト記事など数多くの執筆を行っており、そのことから知名度も高く、診断協会内で名前を知る人も多い診断士である。

「最初の執筆は、先輩診断士やマスターコースのつながりから機会をもらいました。一度つながりができたら、次はこちらから企画を提案して通ったものの執筆を行い、さらに、先方から依頼がくるようになりました。もちろん継続的に企画書を持ち込んだりもしています」

やはり第一歩は、人のつながりから来るようだ。他の診断士にも話を聞いてみたが、最初の依頼ルートは千差万別で、どこから来るとは何とも言えない。裏を返せばチャンスはいろいろ

※1　東京都中小企業診断士協会の「TOKYO SMECAニュース」などがある。

なところにあるということになる。挑戦したいなら「執筆したい！」と自己発信しよう。一度執筆実績がつけば、持ち込みの企画や先方からの執筆依頼に有利になる。

執筆にも1人で書くものと、複数人で書くものがある。1人で書く時は自分のペースでできるが、複数人で書く時には段取りが必要になる。概ねの手順を村上氏に聞くと「企画立案→執筆者のあたりをつけ声かけ→出版社と企画を調整→執筆者と意見を調整→執筆開始→相互レビュー→納品」になる。共同執筆の場合の気をつける点として「執筆者の誰かが直前で繁忙になることもあるので、納期をかなり前倒しで作業しています」複数人で執筆を行う場合は、企画立案者のリーダーシップやマネジメントも必要になるようだ。

執筆をして良かったことについては、「全然つながりのなかった出版社から、ホームページ経由で執筆依頼がありました。文章は、自分の名刺や営業の代わりになるのだなと感じました」と話してくれた。会報の執筆は謝金的なものよりも、認知度を高める効果の方が大きい。また、診断士受験の執筆と違いテーマの自由度が高いため、ある診断士は「何を書いて良いのか思いつかず苦労した」と話していた。同様の話は、他の診断士からも耳にする。筆者は幸い、執筆で大きな苦労したという記憶はあまりない。自由度が高い執筆は、「向き・不向き」がはっきり表れやすいようだ。いきなり大きな執筆は負担も大きいので、自分の適性を知るためにも、文字数の少ない会報の執筆はおすすめである。

書店で見て感動！　ビジネス誌の記事執筆

診断協会会報よりもワンランクハードルが上がるのが、ビジネス誌の記事執筆である。会報は診断協会内への配布が中心となるのに対し、ビジネス誌は一般の書店で販売されるため、より高いクオリティを求められる。ビジネス誌の執筆では、少しでもおかしな表現があると質問攻めにあい、また具体的な企業名や商品名を使う時にも慎重になる。会報なら「まあまあ」で済むことも、ビジネス誌では済まないことがあるからだ。

また、ビジネス誌の執筆で気をつけなければならないのは納期である。ある出版関係者は「単行本は多少納期が遅れても待ちます。でもビジネス紙の記事は発売日が決まっているので、ルーズな人にはお願いできませんね」と話していた。ビジネス誌の執筆を受けた時には、納期には特に慎重になろう。

原稿の提出が終わったら、ビジネス誌の発売を待つ。一般の書店で、執筆したビジネス誌を手に取り自身の記事を見ると、かなり感動できる。

ビジネス誌の執筆も、人からの紹介や担当者とのつながりが大切だが、これに加えてクオリティも求められるため、ハードルは高いが、掲載されれば大きな実績になる。

診断士業界と接点のある出版社が数社あるので、まずはその出版社の目に留まるように努力しよう。

感情面でも仕事面でも最強！　単行本出版

執筆を仕事にしている人にとって、最大の夢は単行本の出版であろう。

筆者も2012年に初めての単行本を出版をした。単行本の出版をすると3回感動できる。1回目が表紙のデザインが送られてきた時、2回目が出来上がった書籍を手に取った時、3回目が書店で売られているのを見た時である。それも平積みをされていた時には、書店の店長にお礼をいいたくなる。感情面のメリットは計り知れないものがある。

一方、仕事面では直接的な印税収入よりも、間接的なプロモーション効果の方が大きいが、経営コンサルティングと講師業では若干効果が違う。

経営コンサルティングの場合は「何を書いているか？」が重視されやすい。コンサルティングを依頼する経営者からすると、会社の命運を託す経営コンサルタントが、どういう考え方や行動指針などを持っているかは知りたい。その時に本が出ていれば、それを読んでもらえば良い。逆に、考え方や行動指針が合わないと契約を見送られるリスクもあるが、そもそも考え方や行動指針が合わないのに、経営者とパートナーシップを組むのは難しい。ゆえに、顧客を選別する手段にもなる。

一方、講師の場合は「本を出している事実」を重視されやすい。単行本が出ていると「本を出している、すごい先生」と思われることもあり、ある研修会社の営業担当者は「本を出している先生の方が、営業はしやすいです」と話していた。

単行本はメリットも大きいが、それだけハードルもかなり高い。普通の人が単行本を出せる確率は1万分の1と言われており、単行本を出版している診断士は超少数派。企画書を通すだけでも大変で、出版プロデューサー（※2）に、100万円以上かけている人もいる。また企画が通ったとしても、1人で200ページ近い文章を書くのは大変な作業だ。せっかく苦労して企画を通したのに、執筆中に挫折してしまう人もいる。特に初めての人にとって、単行本の出版は一筋縄ではいかない大仕事である。

※2　本を出したい人のために、アドバイスや出版社への橋渡しを行う人。本を出したい人のための診断士とも言えなくもない。詐欺まがいの自称出版プロデューサーも存在するので注意も必要である。

そこで診断士の世界で時々あるのが「共著プロジェクト」である。出版に強い診断士がリーダーになって、執筆希望者を集め、共著で一冊の本を作り上げる企画である。単著と比べるとメリットは小さくなるが負担も小さくなる。単行本出版未経験の診断士は、まずこの「共著プロジェクト」から始めてみると良いだろう。

Column CASE 3

中小企業診断士3大業務の落とし穴

第3章では「コンサルティング」、「講師」、「執筆」の3大業務について述べてきた。しかしこれら3大業務について、残念な使い方をしてしまう独立診断士もいる。ここでは筆者が見てきた残念な事例を紹介したい。

①上から目線のコンサルティング

公的機関での相談業務で時々あるのが、上から目線のコンサルティングである。

例えば、小規模企業の経営者が作成した事業計画書を見てもらおうと相談に来たときに、「こんなんで良いと思ってんの?」、「全然ダメだね」、「もう少し考えてから持ってこい」といった指導をしているケースがある。サラリーマン時代に、管理職として部下指導をしていた人に多いようだが、もはや経営コンサルティングというよりパワーハラスメントの域である。筆者は公的機関のコンサルティングはサービス業と考えており、一般のサービス業で、お客様に対して上から目線で接することはあり得ない。

他にも、自分自身の経験を押し付けようとするコンサルティングもある。例えば、大手企業出身の診断士だと、悪気なく大きな費用のかかる支援策を指導してしまうこともある。その診断士にとっては、それが大手企業時代の日常だったと思うが、大手企業と中小企業、特に小規模企業とでは資金力が違うので、そのまま当てはめようと思っても当てはまらないことが多い。

こういう指導をする中小企業診断士は一部であると思うが、実際こういうことが、公的機関へのクレームとなってしまうこともある。自身の持つ経験を生かしたコンサルティングは大切だが、ホスピタリティやお客様の状況に合わせたコンサルティングを忘れてはならない。

②セミナー開催が目的のセミナー講師

セミナーの目的は、大きくセミナーそのものを売上目的にするケースと、セミナーを販売促進の手段として活用するケースに分かれる。しかし、時にセミナー登壇そのものを目的にしてしまうケースがある。

ある事業者に、自社サービスの販売促進目的のために、セミナー企画をサポートしたことがあった。セミナーには経営者自身が登壇。集客も上々で見込み客も集まった。

しかし、その経営者はその見込み客のフォローアップもほとんどせず、次のセミナー企画に着手していた。その後もセミナー企画と、その集客に重きをおいた。そう、元々は販売促進のためだったセミナーが、開催することそのものに目的が置き換わってしまったのだ。

セミナー講師は人前で話す仕事ゆえ、チョットしたタレント気分を味わうことができる。一度その感覚を味わうと、人によってはその感覚が忘れられなくなり、セミナーをすることが目的になってしまうことがあるのだ。これは講師業を主とする診断士も、陥りやすい落とし穴である。

ビジネスとして行う以上、セミナーは売上アップや販売促進につながる手段でなくてはならない。そして何よりも、受講者の役に立つ情報を提供しなければならない。何のためにセミナーをしているのかを、今一度考えることが必要だ。

③多大な期待をしすぎてしまう単行本執筆

筆者は書籍を多数出版させていただいたこともあり、出版に関する相談を受けることもある。その時に、「本さえ出せれば、一気に仕事が増える!」と、出版に多大な期待をしてしまう人が時々いる。

筆者は出版の効果は、かけ算と考えている。式にすると「自身の実績・能力×出版効果=売上効果」である。もともと現状の仕事に実績があり、成果もしっかり出している人が出版をすれば、その効果は拍車をかけて大きくなる。しかし、まだ実績も成果もおぼつかない状態で「本を出して一発逆転!」と思っても、そんなに世の中は甘くはない。

数十年前は「本を出している先生=大先生」というイメージもあったが、今は昔と違って出版のハードルもかなり下がっている。頑張って出版しても、仕事につながらないケースは普通にあるのだ。

もし独立して仕事がうまくいってないと「本さえ出せれば……」と思うこともあるが、出版の前にすべきことはたくさんある。出版に多大な期待をせず、一歩一歩着実に実績・スキルをあげていくことが大切だ。

中小企業診断士3大業務の落とし穴について述べてき

たが、共通していることに、「自分自身を大きく見せたい」という人間心理があると考える。診断士が、事業者に経営指導をする立場である以上、ある程度の実績・経歴を見せることは必要だが、上から目線で接しても、タレント気分になっても、単純に本を出版しても、事業者の経営のプラスにはならない。大切なのは「事業者に、どうお役に立てるか」である。診断士として仕事をしていくなら、その本質を忘れないでほしい。

第4章

中小企業診断士の支援テーマ

[どの分野で活躍するか？]

15

新たなビジネスを創り出す創業支援

成長する事業者を支える

創業支援の主役は公的機関

独立間もない診断士が関わろうとする仕事の中で、人気が高いのが創業支援（起業支援）であろう。独立した診断士も同じ起業家のため共感できることや、ゼロから新しいものを生み出せることなどがその理由だろう。

しかし、現実のビジネスとして考えると難しい面がある。2019年版中小企業白書を見ると、日本の開業率は5.6％。それに対して、フランス14.6％、イギリス12.7％となっており世界的に見ても低い。2014年にはこの状況を改善しようと、政府も「開業率10％を目指す」という目標を掲げ、創業補助金などの支援策を打ち出した。しかし、その後も開業率は微増に留まり、支援策も徐々に縮小されていった。

もともと創業自体が成功する確率が高いとは言えず、途中で断念してしまうケースも多い。その結果、独立したビジネスとしては難しく、時間とともにトーンダウンしていく傾向があるのが創業支援である。

ゆえに創業支援こそ、公的機関の出番とも言える。確かに国としての創業支援は縮小しているが、それに反比例する形で、自治体の創業支援が増えている。

その一部を紹介すると、東京都は創業支援施設として、開放的なラウンジスタイルで起業のモチベーションを高める「スタートアップ・ハブ・トウキョウ」、専任プランコンサルタントと一緒にビジネスプラン策定を行う「TOKYO創業ステーション」、法人設立の機能をひとつに集約した「東京開業ワンストップセンター」など、充実の支援施設が揃っている。

さらに都内の市区レベルを見てみると、「品川区立武蔵小山創業支援センター」、「新宿区立高田馬場創業支援センター」、「創業支援センターTAMA」、「西東京創業支援・経営革新相談センター」など、「創業支援センター」の名前がつく公的支援施設だけでもこれだけある。

また創業の補助金については、東京都では独自の創業助成金(※1)を用意しており、補助額も最大300万円と、かつての国の創業補助金と同額になっている。

これだけ創業に関する支援策があると、必然的にそれをサポートする診断士も必要になってくる。創業支援こそ、公的機関を活用した支援が必要となる支援テーマであろう。

創業支援のお仕事は？

一口に創業支援のお仕事といっても、支援メニューは複数ある。

まず創業塾、創業セミナーの講師がある。これらは、経営戦略、マーケティング、財務、人事採用など、起業に必要な知識を創業希望者に教えるセミナーである。スケジュール的には、週1回程度の講義を4～5回にわけて行うものが主流である。

近年は、「特定創業支援等事業」という市区町村が主催する創業セミナー(または複数回の経営相談)もあり、このセミナーを受講すると、受講者は会社設立時に必要となる登録免許税(株式会社の場合15万円、合同会社の場合6万円)が半額になるなどの特典がある。筆者も、この

※1　通常年2回公募がある都内創業者のための補助金制度。膨大な書類提出に加え面接もあり、採択率も10%台と言われる難関。事業者だけではなく、支援する診断士もそれなりの覚悟が必要。

特定創業支援等事業の創業セミナーの仕事が増えており、このセミナーでは講師に加えて、受講者への課題作成や個別創業相談などのお仕事もある。また受講者同士の交流促進も大切ゆえ、セミナー終了後にある懇親会の盛り上げ役も重要な役割である。

創業希望者に、ある程度経営知識が身についたら、ビジネスアイディアをヒアリングしていく。その時に筆者が重視するのは、創業希望者の経歴・経験である。起業に活用できる強みは、創業希望者の経歴・経験の中にあるので、それを一緒に探していく。自分で自分の姿が見えないように、創業希望者自身も気づいていない経歴・経験を第三者視点で見つけていく。

アイディアが出そろったら、それを具体化するために個別のビジネスプラン策定支援に移る。ビジネスへの思いややりたいことが強すぎて、ハイリスクな方向に進みそうな時には、厳しいアドバイスをして方向転換を促すこともある。

通常の公的支援だとここで終わるが、さらに一歩踏み込んで、創業融資や補助金申請のサポートを行うケースもある。その時には、先に策定したビジネスプランをベースに、創業融資や補助金申請向けに事業計画をまとめていく。本気で起業を考えるなら、資金調達支援は欠かせない。

さらには、ビジネスプランコンテストのサポート、公的インキュベーションオフィスへの斡旋、テストマーケティングイベント支援など、創業希望者が独り立ちできるまで支えていく。

創業支援のポイントは、いかに創業者の目線に合わせた支援ができるかであろう。創業者は経営の初心者なので、診断士が使うような経営用語を使うと、それだけで引き気味になってしまうことも多い。いかにわかりやすく丁寧な説明をするかがポイントになる。

創業支援のやりがいは、やはり創業者の発展していく姿を見られることだ。飲食業や小売店はお客様として訪ねることができるので、ビジネスを発展させていく創業者の喜ぶ顔を見ると、やってよかったと思える。決して、めちゃめちゃ稼げるお仕事とはいえないが、成長する創業者を見届けられるやりがいのある支援テーマだ。

16 常にニーズのある営業・販売支援

どうやって売上をアップするかを考える

いつの時代もニーズがある営業・販売促進

政府系金融機関である日本政策金融公庫（※1）は、毎年「中小企業の景況見通し」を発表しており、筆者も仕事柄よくチェックをしている。その中に「経営基盤の強化に向けて注力する分野」という調査項目があり、それの不動の1位が「営業・販売力の強化」である。2位以下を見ると、世の中の景気が良くなると「人材の確保・育成」、景気が悪くなると「財務体質の強化」が上位に来るが、「営業・販売力の強化」は景気不景気に関わらず、常に1位となっており、「中小企業経営者の頭の中は、売上対策が9割」と言っても過言ではないだろう。

一口に営業・販売支援といってもその範囲は広く、公的機関の相談で人気が高いのが、WEBマーケティング系である。小規模企業では、即効性の高い売上対策のニーズが高く、それに応えるにはやはりWEBマーケティング系が有効である。それに続くのが、チラシやパンフレ

※1　財務省所轄の政府系金融機関。国民生活金融公庫、農林漁業金融公庫、中小企業金融公庫の3つの政府系金融機関が集約されて2008年に生まれた。極めて行政寄りの組織だが、形態上は株式会社となっている。

ットなどの紙媒体のデザイン。左脳系が多い診断士に対し、デザインは右脳系のためか、このあたりの支援を本格的にできる診断士は少数派。それゆえ、支援できると有利になる。さらに、元広告代理店やWEBデザイナーといったバックグラウンドがあるとさらに大きなアドバンテージになる。

これら広告・広報系支援以外でも、法人営業、メニュー・商品開発、展示会出展、接客、ディスプレイなどといった支援もあり、このあたりになってくると、サラリーマン時代の経験を活かせる診断士も出てくるだろう。

逆に営業戦略的なニーズは意外と少ない。これは先に述べたように、小規模企業では即効性の高い売上対策が求められるため、戦略よりも、戦術よりも、戦闘方法のニーズが高いのだ。もちろん、営業戦略も重要な経営課題だが、いきなり営業戦略的なコンサルティングをする前に、即効性のある戦闘方法から小さな成果を上げ、それから少しずつ、戦術、戦略にステップアップしていくのが、中小企業ではベターであろう。

営業・販売支援のお仕事は？

営業・販売支援のお仕事について、スマイルパートナーズ(https://www.smilepartners.jp/)の石田智子中小企業診断士にお話をうかがった。石田氏は、筆者と同期合格の診断士で、独立した時期もほとんど同じ。ワインバーの店長など飲食業15年の経験を活かして、飲食業や店舗の販売支援を得意としている。現在は、販売支援に加え、補助金の事務局や補助金採択後のフォローアップなどへも仕事の幅を広げている。

具体的に飲食業の販売支援は、どのように進めていくのだろう？　飲食業・宿泊業は、2017年版中小企業白書でも、開業率は一番高いが廃業率も一番高い、つまり始める創業者は多いが、うまくいかなかったケースも多い業種であり、販売支援を必要とする業種である。

「まず、周辺環境やお店の下調べから実施します。具体的には、最寄り駅の状況、人の流れなどの環境面、競合店の調査、店舗の立地や外観の確認、提供メニューの内容、ホームページなど目で見られるものは全て確認します。それが終わると次に、経営者へのヒアリングと店舗内チェックを実施します。具体的には、店舗のコンセプト、売上状況、客層、客単価、看板、メニューブック、人員体制、さらに販売促進策や店内の清掃状況まで細かく確認します。極力時間を取らせないように、周辺環境やお店の下調べを元に、何をヒアリングするかをしっかりまとめておきます。情報の収集が終わったら、課題の抽出に移ります。情報収集まではどこの事業者もほぼ同じ手順ですが、ここから先は事業者によって異なってきます。例えば、店舗のコンセプトから取り掛かる大掛かりなケースもあれば、スタッフのマネジメント手法や従業員教育に注力したり、販売促進を行ったり、看板その物を新しくしたりなど、頭と身体をフルに使って支援を進めていきます」（前出・石田氏）

どこの中小企業もそうだが、経営者は多忙なため何度も時間を取らせることはできない。また店舗内チェックは営業時間内に行うことが多く、従業員の仕事の邪魔にならないように、時間などに気を配る必要もある。景気不景気に関係なくニーズがある販売支援だが、近年は今までとは違う傾向もでてきている。

「最近は、人に関する相談が増えています。せっかく採用できたのに、すぐに辞めてしまうとか、新たな採用が難しいので、少ない人数で売上を上げるには、という相談があります」(前出・石田氏)

飲食業は、建設、介護、運送に並ぶ人手不足業界であり、人に関する問題は大きな経営課題である。後述する人材支援にも関わるが、営業・販売支援である以上「社内のコミュニケーションが良くなった」、「業務が円滑に進むようになった」だけで終わるのではなく、「どう売上拡大につなげるか」まで落とし込む必要がある。現状調査から実行までハードな飲食業の販売支援だが、そのポイントは何だろう?

「支援の初日が肝心です。実際に支援を受けるのは現場の人たちなので、いきなりダメ出しをすると『あなたに、言われたくない!』と反感を買ってしまいます。なので、初顔合わせの時には雑談などから入り、関係性づくりに重きを置いています」(前出・石田氏)

飲食業や店舗の販売支援では、現場の従業員が動いてくれるかどうかが成否をわけることがある。ゆえに現場の人たちとの関係性づくりは重要になってくるようだ。また関係性づくりが重要なお仕事だけに、こんな出来事もある。

「あるサービス業の事業者に、約1年間接客支援をしてきました。その事業者は、社長も従業員もポジティブで、支援も順調に進みました。そして支援最終日に、それまでの感謝の意味を込めて、サプライズで花束をいただきました」(前出・石田氏)

人との関係性がポイントになるがゆえに、それに失敗すると反感を買い、支援そのものもうまくいかないことがある。一方で、関係性をつくれると支援も順調に進み、全社員から感謝されることもある。これを映像で体感するなら、邦画『県庁の星』(※2)をぜひ見てほしい。

IT化、AI化の推進が叫ばれる一方で、まだまだ人がメインとなる業務・業態も存在する。飲食業・店舗の販売支援を目指すなら、関係性づくりのスキルは必須のようだ。

17 世界を相手に仕事をする海外展開支援

輸出入から現地法人設立まで

中小企業も世界に飛び出す時代!

今や中小企業も、世界を相手にビジネスをしていく時代になっている。2019年版中小企業白書によると、中小企業の輸出額は増加傾向にあり、2006年から2016年の約10年間で、3.9兆円から6.9兆円に増加している。

海外展開の形態としては、商社経由で輸出を行う「間接輸出」、海外企業と直接取引を行う

※2　2006年に映画化された桂望実原作の小説。スーパーに派遣された県庁のエリートと、パートの女性従業員との経営改善ストーリー。派遣当初はマーケティング理論を押し付け従業員の反感を買った県庁のエリートが、徐々に関係性を築き、全従業員一丸となって営業停止の危機を乗り切る。筆者も診断士受験生時代、「診断士になるなら、この映画を見るべき!」と資格受験校講師から推薦された。

「直接輸出」、外国に会社を設立したり、現地企業を買収したりする「直接投資」がある。「間接輸出」は、日系商社であれば貸し倒れリスクは小さいが、その分リターンも小さい。一方「直接投資」は、うまくいけば大きなリターンを獲得できるが、進出コストも大きくなり、カントリーリスク(※1)も自己負担になる。また直接投資には、信頼できる現地パートナーが重要だが、この現地パートナーに資金を持ち逃げされたという話も耳にする。「直接輸出」は、「間接輸出」と「直接投資」の中間的リスクとリターンになる。中小企業が初めて海外展開をするなら、間接輸出がリスクは小さくハードルも低いが、ある程度の輸出規模があるなら、中小企業基盤整備機構(※2)やジェトロ(※3)などの公的機関から支援を受けることで、リスクを抑えることもできる。

直接投資の進出先を見ると、2005年頃までは中国が50%以上を締めていたが、現在は中国の比率は下がり、ASEAN諸国への進出が40%以上になっている。筆者周囲の海外進出を支援する診断士も、タイ、ミャンマー、インドネシア、ベトナムなどに出張していることが多い。

都市部と地方部を見てみると、両者とも着実に伸びているものの、2016年の売上高輸出比率では都市部が4.9%に対し、地方部は2.6%に留まっている。ゆえに、都市部の方が輸出に積極的であり、海外展開支援は都市部の方がニーズが高いと言える。しかし、見方を変えると、地方部には潜在的なニーズが隠れているとも考えられ、同中小企業白書でも「地方部では輸出を伸ばしていく余地が、まだ十分に残されていると考えられる。」とある。実際、地方の老舗酒蔵の日本酒は、海外の富裕層に人気が高いそうだ。

海外展開は国内取引よりリスクが高いが、それだけ診断士が活躍できる部分も大きいと言

※1　海外展開を実行する際に、政治・経済・地理等の理由で損失を被る危険度。一般的に開発途上国はカントリーリスクが高いことが多いが、一方で大きなチャンスを持っていることもある。虎穴に入らずんば虎子を得ず、といったところ。

※2　中小企業の支援を行う独立行政法人で、略称は中小機構。中小企業でも、比較的規模の大きいものを中心に支援している。中小機構のプロジェクトマネージャーは、筆者のあこがれのお仕事のひとつ。

※3　正式名称は独立行政法人日本貿易振興機構。日本の貿易や海外展開を支援する公的機関。世界各国に幅広い海外ネットワークを持つ。

えるだろう。

海外展開支援のお仕事は？

海外展開支援のお仕事について、株式会社ストラテジー・ラボラトリーズ（https://www.strategy-laboratories.com/）代表取締役の中髙英明中小企業診断士にお話をうかがった。中髙氏は、大手日系電機メーカーの海外営業や外資系企業を経て、現在は海外市場進出コンサルタントとして活躍されている。海外展開支援では、どのようなお仕事があるのだろうか？

「海外展開支援では大きく、現地法人設立、販路開拓、輸出入などがありますが、弊社は販路開拓と輸出を主にしており、中でも海外展示会や商談会支援が多いです。支援する国としては、欧米や東南アジアが多いです」（前出・中髙氏）

欧米や東南アジアは、既に支援実績やノウハウが蓄積されているので、中小企業にとって進出しやすい地域のようだ。しかし、中髙氏個人的には、アフリカが大きな可能性を秘めているので面白いとのことだ。では海外展示会支援では、どのようなことをするのだろう？

「海外展示会では、時期とターゲット顧客を考慮しながら、こちらから提案するケースと、クライアントから「この展示会に出展したい」と決められてくるケースがあります。出展する展示会が決まったら、有望なお客様をピックアップし、カタログや資料を送って展示会に来てもらうようにしかけます。また、ＪＡＰＡＮブランド育成支援等事業（※4）などの補助金申請の支援をすることもあります。海外展開支援は、中小企業診断士以外でもできますが、中小企業支援団体と連携して支援できることに優位性があると思います」（前出・中高氏）

海外展開支援では、中小企業基盤整備機構、ジェトロ、東京都中小企業振興公社（※5）などの公的機関が支援策を打ち出しており、そういった公的支援を活用しながら支援できるところに、診断士の強みがあるようだ。

一方で、海外ならではのハプニングとして、展示会に使用する備品が届かず、ホームセンターに駆け込んだということもあったようだ。海外では、日本ほど時間に正確な国民性ではないことも多いので、心しておくと良いだろう。では海外展開支援をして、良かったと思ったことは何だろう？

「日本の中小企業経営者と海外に同行すると、『こんな世界もあったのか！』と、経営者の世界観が変わっていく瞬間を感じ取ることができます。海外展開支援をすることで、経営者の成長を見られることにやりがいがあります」（前出・中高氏）

創業支援でも同じことが言えるが、経営者の成長を間近で見られることはモチベーションになる。最後に海外展開支援を行う際のポイントを聞いてみた。

※4　海外展開やインバウンド需要のための新商品・サービス開発や販路開拓等に対して支援する補助金制度。世界を相手にするための補助金だけに、補助額も最大２０００万円と高額な部類に入る。

※5　東京都内の中小企業を支援する東京都の外郭団体。支援内容はかなり幅広く、いわば中小企業支援の百貨店。東京都独自の中小企業向け補助金制度の事務局や窓口になっていることが多い。名称は違えど、その他の各道府県にも同様の公的機関が設置されている。

「海外展開支援をするなら、英語は必須です。現地で通訳がいれば良いと思う人もいますが、海外の現地情報を知るには、海外のサイトなどから情報を得る必要があります。英語ができないなら海外展開支援はするな、と言っても良いでしょう」(前出・中髙氏)

やはり海外展開支援には語学力が必須なようだが、話すスキルよりも読んだり聴いたりするスキルの方が重要という点は盲点だった。刻々と変わりゆく世界情勢を知り、クライアントに最適な支援をするには、英語を読むスキル、聴くスキルが重要のようだ。

これから海外展開支援をしようと思うけど、語学は苦手という診断士は、まず英字新聞を読むことから始めるべきであろう。

もう一つの海外展開支援、外国人創業者支援

海外展開支援というと、日本人が海外に向けて進出することを示すことが多いが、近年は日本に進出する外国人創業者を支援するケースも出てきている。

外国人が日本で起業する場合、まずビザ(※6)が必要になる。そのビザも「永住権」、「配偶者ビザ」、「経営・管理ビザ」のいずれかの在留資格のビザが必要になる(ケースにより「高度専門職ビザ」も可)。これらのうち、「永住権」は極めて審査が厳しく、「配偶者ビザ」は日本人と結婚していることが必要要件のため、一般型には「経営・管理ビザ」を目指すことになる。

ところが、この「経営・管理ビザ」の条件も決して簡単ではなく、①出資金500万円以上(または原則日本人2人以上の雇用)、②国内オフィスの確保、③法人設立の3条件を満たし、

※6　パスポートとは別に必要となる、いわば滞在許可証。ビザには在留資格があり、本編であげたもの以外にも、30以上の在留資格がある。在留資格のひとつである「技術・人文知識・国際業務」は名称が長いため、専門家の間では「技人国(ぎじんこく)」と呼ばれる。

かつ事業計画書を作成し、入国管理局の審査を受ける必要があり、日本人と比べるとかなり高いハードルが設定されている。

しかもこれらに必要となる書類は、すべて日本語で記載しなければならないという言語の壁もあり、これらを短期の在留期間でクリアするのは至難の業である。

そのため東京都では「外国人創業人材受入促進事業(外国人起業活動促進事業)」という支援制度を用意している。この制度は、事業計画書のみの審査で半年間限定の「スタートアップビザ」を発行し、その半年の間で残りの条件を準備し、正式な「経営・管理ビザ」に移行していくための制度である。

ビザ申請を生業とする士業は行政書士になるが、「経営・管理ビザ」や「外国人創業人材受入促進事業」の申請には事業計画書が必要になるため、ここが診断士の出番になる。

事業計画書の書き方は、日本人向けの事業計画書と基本的に同じだが、日本語がうまく話せない外国人創業者や、終始英語で記載された事業計画書を持参する外国人創業者もいるので、ある程度の語学力も必要になる。

晴れて「経営・管理ビザ」を取得できたとしても、法人口座開設や融資を断られる、仕入先や新規顧客を開拓できない、といったイバラの道が待っていることが多い。そのため東京都では、独自の外国人創業者支援窓口があり、ここでも診断士が活躍している。

日本で創業支援をするので語学力はなくても大丈夫、というのは今は昔。現代は、日本にいたとしても、外国から創業者が日本に来る時代である。日本から出ないと決めている診断士も、これからはある程度の語学力が必要になるだろう。

18

人手不足時代を生き抜く人材支援

採用だけが仕事じゃない!

少子化が生み出した人手不足

ここ数年、クローズアップされているのが人材支援である。2019年版中小企業白書を見ると「我が国の人口は2008年をピークに、2011年以降は減少が続いており、将来的にも減少が続く見込みとなっている。内訳について見ると、64歳以下の生産年齢人口が減少傾向にある一方、75歳以上の高齢者人口の割合が増加し続けていくことが分かる。」とあり、日本の労働人口は確実に減少していくと予想されている。

さらに、同中小企業白書では「500人以上の事業所の場合、右肩上がりで年々雇用者数を増加させている一方、29人以下の事業所は右肩下がりで推移しており、従業者規模の小さい事業所ほど新たな雇用の確保が難しいと考えられる。」とあり、アベノミクスなどの影響で業績は好転しているものの、大企業に人材を取られ、中小企業まで人材がまわらなくなっていることも、昨今の人手不足要因のひとつになっている。

この対策として、新しい雇用の担い手として女性とシニアの活用を推進している。女性活用については数年前から徐々に進んできたが、シニアについては近年、目に見えて増えてきており、事実上年齢条件を撤廃した企業も増えている。余談だが、この年齢条件撤廃は、診断士の独立失敗のセーフティーネットになっているとも言える。

もう一つの対策が生産性向上である。この言葉もよく耳にするようになったが、こちらは人に頼らず設備投資やITを活用して、少人数で仕事をまわせるようにしようという取り組みである。同中小企業白書でも「我が国の労働生産性（※1）については、去年と変わらずOECD加盟諸国36か国中21位であり、首位のアイルランドのおよそ半分程度の水準である。また、労働生産性上昇率については36か国中29位と低い水準となっている。」とあり、政府としても、日本が世界から「人海戦術に頼る国」と見られるイメージを払拭したいのだろうと考えている。具体的な施策としては、主にパッケージソフト導入を促す「IT導入補助金」（※2）や設備投資を促す「ものづくり補助金」（※3）があり、診断士が支援することが多い。

2020年は新型コロナウイルスの影響で、業績不振による新規採用見送りなども出てきているが、長期的に見れば労働人口は減っていくので、今後も主役になる支援テーマであろう。

人材支援のお仕事は？

人材支援のお仕事について、コンパス企画代表の岩﨑直子中小企業診断士にお話を伺った。岩﨑氏は製造業など複数の企業の人事担当を務め、2017年に独立開業した関西の診断士である。まず人材支援の具体的なお仕事は、どのような流れになるだろう？

「中小企業の人材支援では大きく、採用支援、教育支援、そして人事制度構築支援があります。採用支援の場合は、ヒアリングを行い、中途にするのか新卒にするのか、どのような求人方法がその企業に合っているのかを判断していきます。方針が決まったら、求人方法ひとつで

※1　インプットに対するアウトプットの割合で、日本ではよく「（営業利益＋人件費＋減価償却費）÷労働投入量（従業員数）」の計算式が使われている。

※2　正式名称は、サービス等生産性向上IT導入支援事業。認定を受けたITベンダーから購入したパッケージソフト導入費用の一部を補助する国の補助金制度。毎年の補助額上限や補助率の改定が激しいので、支援するなら毎回公募要領をしっかり読む必要がある。

※3　正式名称は、ものづくり・商業・サービス生産性向上促進補助金、とかなり長い。補助額は最大1000万円と比較的大きく、ものづくり補助金支援を主力とする診断士もいる。

も、年齢層、資格の有無、職種、雇用形態などごとに、かなり細かいアドバイスを行います。人事制度構築についても同じ流れで、まずヒアリングです。ヒアリングを行った上で、経営数値的な面を考慮して構築を行う必要があります。人材の定着率に重きを置くのか、経営資源の分配としての人事制度なのか、それとも単なる企業としての成熟を目指すのかで対応が変わります。企業制度の整備なら、経営数値に無理がないように一般的で運用のしやすい制度の構築が必要になります」（前出・岩﨑氏）

人材支援の基本は、まずヒアリングのようだ。昨今の人手不足から「来てくれるなら、だれでもいい！」という経営者も少なからずいるが、ビジョンを持った人事戦略が必要になる。人材支援の難しさは、どんな点であろう？

「やはり中小企業では定着率の向上という面で、かなり難しい所があります。経営者だけでは新入社員のフォローが出来ないので、他の従業員の意識も変えていく必要があるのですが、手が足りない所ではそういった根本的な体制が整っておらず、新入社員がすぐに辞めてしまう事例が多いです。採用支援でも定着率の向上に関する改善が同時に必要なので、そういったところまで助言を行います」（前出・岩﨑氏）

採用面には積極的であっても、人材育成まで手がまわらないのが中小企業の本音だ。そのジレンマを解消していくためには、採用の時点から、定着を見据えた支援が必要になるようだ。

人材支援のやりがいはどこにあるだろう？

「中小企業は新卒採用に慣れていない所が多いので、詳細な支援を行った結果、新卒採用につながった事例などはやはり嬉しかったです。また採用の難しい業界の支援に成功した場合なども、やはり喜びがあります」（前出・岩﨑氏）

採用支援では、人材の増加という目に見える成果を見ることができる。そこにやりがいがあるようだ。最後に人材支援のポイントを聞いてみた。

「採用支援でも、経営数値という面を意識して、その企業にとって本当に採用することが是か非かという判断をしていただきたいです。今は外部サービスを利用することで賄えることも多いです。これから毎年数十万人の労働人口が減る中、どんどん人の確保は困難になっていきますし、経営者は自分の取り分を削ってでも、従業員の給料を確保する義務もあります。実際、経営者の方で、何年も無報酬という方もいらっしゃいますので、採用については慎重な姿勢を取っていただきたいです。日本人の平均生涯賃金から考えると、まともに人を採用すると一人当たり年700万円くらいの予算が必要になります。それらを踏まえると、人を雇うより設備投資にまわす方が、企業の選択肢として正解であることも多いです」（前出・岩﨑氏）

人材支援といっても、中小企業診断士である以上、会社経営全体からアドバイスをする必要がある。近年は、業務アウトソーシングやITなどの代替手段も多く存在しているので、それらを踏まえたアドバイスをしていくことが、今の人材支援のポイントになる。

診断士は、雇用を守る以前に、企業の存続を守る責務も負っている。それを忘れずに、採算が取れるのかどうかを、経営者と一緒に考えていくことが必要だ。

19 企業のピンチを救う事業再生支援

厳しい交渉の先にある未来

精神的強さも身につく事業再生

東京商工リサーチ「2019年「休廃業・解散企業」動向調査」によると、2019年の休廃業・解散件数は4万3348件、倒産件数は8383件とあり、近年は倒産件数が減少傾向にあるものの、休廃業・解散件数は増加傾向にある。さらに休廃業・解散件数には、経営不振等により、倒産に行き着く前に自主的に事業継続を断念するケースが4割程度占めていると言われており、ゆえに両者をあわせて考える必要がある。これを踏まえると、1年間で約2万6000件弱、1日あたり約70件強の事業者が事実上の倒産をしていることになり、これらを救う事業再生支援のニーズは高いと言えるだろう。

事業再生支援を請け負う責任者をターンアラウンドマネージャー（※1）と呼ぶが、このタ

※1　経営危機の企業に入り、経営再建を自ら陣頭に立って行う専門家。「TAM」、「再生請負人」とも呼ばれる。

ーンアラウンドマネージャーの年収をインターネットで検索すると、年収１０００万円以上など、結構な金額がヒットする。果たして実態はどうなのか？　某公的機関の関係者に話を聞くと「あれは民間コンサルティング会社が独自に行う事業再生支援の話なので、診断士が行う公的な事業再生支援では難しいでしょう」と話していた。

公的機関の行う事業再生支援（中小企業再生支援協議会）は、１次対応と２次対応の２段階に分かれる。１次対応とは、いわゆる窓口相談であり、事業再生支援を必要とする企業のメインバンクからの後押しで、相談に至ることが多い。この１次対応から再生の見込みのある企業が２次対応に進める。２次対応では、診断士の他に、弁護士、税理士、公認会計士などの専門家や金融機関を巻き込んだ本格的な再生支援になる。

この２次対応の実態を聞くと「２次対応では、診断士以外の様々な専門家とチームを組むため、このうちの１人が元請け、それ以外の専門家が下請けになる。ところが元請け、下請けだけでは手が足りず、その下に孫請け専門家がつくことも多い。この孫請けになると、金額的にも小さくなるので食べていくのに苦労している専門家もいる」そもそも経営難の企業を支援するので、企業にお金はない。その企業に多くの専門家が関わるので、報酬的には小さくなってしまうようだ。

事業者と直接契約する支援としては、資金調達、リスケジューリング、第二会社方式などがあげられるが、事業再生支援では、新規融資が厳しい事業者が多いこともあり、リスケジューリングから入ることが多いようだ。

また事業再生支援を本格的に仕事としている診断士は、他の診断士とは違うオーラを持っている気がする。端的にいうと、他の診断士とは違う「精神的強さ」を感じるのだ。事業再生支援は、金融機関や債権者とのギリギリの交渉に立ち会うこともあり、ビジネスの生々しい現実の厳しさに直面する。本格的に事業再生支援に携わっている診断士は、その厳しい世界で経営者と向き合っているため、必然的に「精神的強さ」が身につくのだろう。あらゆる面で厳しい世界だが、診断士としてかなり成長することができる支援テーマである。

事業再生支援のお仕事は？

事業再生支援では、まず資金繰り対策から入ることが多く、金融機関からの融資が必要になるが、業績が悪化しすぎて融資を断られることもある。その時に必要となるのがリスケジューリング(条件変更)である。

リスケジューリングとは一般的に、金融機関への返済を一時的にストップすることをいう。これは結果的に新規融資と同じ効果があるため、一時的に資金繰りが改善する。またリスケジューリングは滞納とは異なるため、いわゆるブラックリストにならないメリットもある。ただしあくまで一時的なものなので、この返済猶予をもらっている間に、抜本的な経営改善をすすめなければならない。

リスケジューリングを必要とする事業者は、複数の金融機関から借り入れをしていることが多く、その場合は原則、全金融機関一斉にリスケジューリングする必要があり、その方法としてバンクミーティングと金融機関ごとに了承を得る方法がある。

バンクミーティングでは、借り入れのある金融機関を会議室などに一堂に集め、事業者の経営改善計画を説明し、その場で全金融機関からリスケジューリングの了承をもらう。それに対し金融機関ごとに了承を得る場合は、それぞれの金融機関に出向き、経営改善計画を説明し了承を得ていく。一見、バンクミーティングの方が効率的に思えるが、金融機関ごとに了承を得る方法では、メインバンクが了承すると、他の金融機関も追随することが多いため、結果的に後者の方が効率的になるようだ。

診断士は、リスケジューリングのための経営改善計画を作成する時に必要となり、さらには金融機関への同行やバンクミーティングへの同席をすることもある。それらの時には、金融機関から厳しい言葉を浴びせられることもあり、それらをフォローするのも、事業再生支援のお仕事のひとつである。

リスケジューリングでも業績回復が難しい場合は、債権放棄や第二会社方式(※2)といった、さらにハードな手段に移行していくことになる。それでも経営改善が難しい場合は、傷口を最小限に抑えるソフトランディングな廃業に移行することもある。

他の支援テーマと違い、事業再生では全体的に重い雰囲気があるため、好き嫌いが分かれやすい。しかし、うまくいった場合は、経営者から一生感謝されることもあり、やりがいも大きいのが事業再生支援の特徴だ。

※2　経営状況が悪い企業の良い部分だけを別会社に移行し、元の会社を消滅させる事業再生方法。良い部分の移行には債権者への配慮など、経験と技術が必要となる。

20

企業を次世代に残す事業承継支援

繋ぎの瞬間に立ち会う

実は国のイチオシ施策の事業承継

ここ数年、流行りになっている支援が事業承継である。実際、最近の中小企業白書を見ても、高確率でこのテーマが採用されている。

ではなぜ今、事業承継が流行りなのだろう。2020年版中小企業白書を見ると、中小企業の休廃業・解散件数は、2010年以降4万件台で推移している。しかし休廃業・解散企業の業績を見ると、約6割が当期純利益で黒字となっており、必ずしも業績不振が理由で廃業している訳ではない。なぜ黒字なのに廃業するかというと、経営者が高齢になりリタイアしたいものの後継者がなく、やむ無く廃業していることが主な理由である。同中小企業白書でも「60代では約半数、70代は約4割、80代は約3割が後継者不在」となっている。

この黒字を出している中小企業を、後継者不在という理由でみすみす廃業させてしまうことは国としても損失になる。そのため、これをなんとかしようという動きが、昨今の事業承継支援なのである。

国の支援策としても事業承継税制（※1）や事業承継補助金（※2）などがあり、支援機関としては、第3者承継を支援する「事業引継ぎ支援センター」と、親族内承継を支援する「プッシュ型事業承継支援高度化事業」が各都道府県に設置されている。

※1　ある一定の要件を満たし都道府県知事の認定を受けると、贈与税・相続税の納税が猶予または免除される制度。法人版と個人版がある。

※2　親族または第3者に事業承継し、それを元に新たな取り組みをした時に補助される国の補助金制度。事業承継しただけでもらえると、勘違いしている事業者も多い。

国の仕組みでは、親族内承継と第3者承継は別の組織となっている。初めから親族に承継するか、第3者に承継するかが決まっていれば問題ないが、そうでないケースも多い。また親族に承継する予定だったが、親族の経営力不足により第3者承継に変わるケースや、逆に第3者に引き継ぐつもりでいたら、息子が急に引き継ぐと言ってくれたというケースもあり、最初から決め打ちするのは難しい。そのため、事業引継ぎ支援センターとプッシュ型事業承継支援高度化事業は、各都道府県独自の方法で情報共有を図り、経営者により良い支援ができる体制を整えている。

最近は、事業承継士という資格を取る診断士も出てきており、今後もニーズが増す支援テーマである。

事業承継支援のお仕事は？

事業承継支援について、岩崎美紀中小企業診断士にお話をうかがった。岩崎氏は、ネットベンチャーの創業メンバーとして起業後、診断士を取得。その後、公的支援機関のコーディネーター・相談員を歴任し、現在は大分県の公的支援機関で事業承継支援に携わっている。

まず事業承継支援では、診断士はどのような役割を果たすのか？

「診断士の主な仕事は全体のコーディネートです。事業承継支援は、他の士業や金融機関などとの連携が不可欠です。その人選や進捗管理による支援の最適化が診断士の役割になります」(前出・岩崎美紀氏)

事業承継では、税金の話は税理士、従業員や雇用に関する話は社会保険労務士、許認可は行政書士など、複数の士業の力が必要になる。さらに金融機関や取引先の力を必要とする場合もある。登場人物が多くなれば、全体をコーディネートする役割が必要になり、その役割を担うのが経営に関する幅広い知識を持つ診断士になる。また全体コーディネート以外にも、診断士には役割がある。

「小規模事業者に対する事業承継支援では多くの場合、事業の磨き上げを行います。事業の磨き上げでは、後継者が継ぎたくなるような事業を目指して、また承継後の持続・継続性や成長力を高めるための経営改善などを行います」(前出・岩崎氏)

事業の磨き上げによって自社事業の活性化を実現し、円滑な事業承継に繋げていく。ここは診断士の出番であろう。では事業承継支援のやりがいは何だろうか？

「事業を未来に繋ぐ瞬間に立ち会えることです。人の寿命には限りがあるけれど、企業は承継していくことで、100年、200年と続いていきます。その〝繋ぎの瞬間〟に立ち会えることは、何物にも代えがたいです」(前出・岩崎氏)

事業承継支援のやりがいは、現在を未来につないでいくことにあるようだ。最後に事業承継支援を目指すポイントを聞いてみた。

「診断士にとって、事業承継支援というジャンルはないと思っています。事業承継支援は経営支援の全ての要素を総動員して取り組むべきもの。その範囲は広いので、これを勉強すれば終わり、ということは言えません。その中で自分自身が診断士として、どこを支援できるかを明確にしておくことです」(前出・岩崎氏)

流行りで〝事業承継の支援〟を始めるのではなく、日頃から診断士としての強みや得意分野を棚卸しし、磨き上げておくことが、事業承継支援のポイントと言えるようだ。

21 天変地異からの復興を目指す災害支援

企業経営のレスキュー隊

変わりゆく日本の自然環境

2011年に発生した東日本大震災。筆者が独立開業した年であったため、当時の騒動は今でも鮮明に思い出される。それから5年後の2016年には熊本地震が発生。崩れ去った熊本城を見た時の衝撃は大きかった。さらに2年後の2018年は西日本豪雨災害、翌年の2019年は台風19号と、大規模自然災害は地震だけではないことを思い知らされた。そして2020年。新型コロナウイルス感染症が、全世界で猛威を振るった。この新型コロナウイルスも、疫病という名の自然災害といってもよいだろう。

ざっと大規模自然災害をあげてみたが、近年この災害のスパンが短くなっており、かつ大雨、台風、疫病と、これまでは比較的軽視されていた災害が、大規模被害を生み出している。このあたりは地球温暖化などの自然環境の変化が影響していると考えられ、2019年版中小企業白書でも「1時間降水量50ミリを上回る大雨の発生件数が、この30年間で1・4倍に増加している」とあり、今後も同様の災害発生率は高いと予想されている。それゆえ近年は、SDGs（エスディージーズ）（※1）の取り組みも注目されている。

さらに同中小企業白書では「物的損失額は、従業員の規模に関わらず、100万円以上の損害を受

西日本豪雨災害直後の真備町

※1　Sustainable Development Goals の略で、日本語では「持続可能な開発目標」。国連が人類や地球の持続的な繁栄のために掲げた行動計画であり、17の目標でまとめられている。最近は、17の目標を意味するSDGsピンバッジをつけている人も見かけるようになった。

けた企業の割合が7割を超え、1000万円以上の損害を受けた企業の割合も3割を超えている。」とあり、一度災害が発生すると多額の直接被害が発生する。しかも、それが同時多発的に起きるので、その被害額は甚大なものになる。幸運にも直接被害を免れたとしても、仕入先や販売先が被害にあっている可能性もあり、生産ストップや売上減少という間接被害が発生する。災害では直接被害と間接被害の両方の側面を持っている。

災害支援で診断士が関わる仕事として、「中小企業等グループ施設等復旧整備補助事業」と言われる支援策がある。これは通称「グループ補助金」と言われ、これまでに東日本大震災、熊本地震、西日本豪雨災害に交付され、商工会、商工会議所、金融機関、観光協会などがリーダーになって一つのグループを作り、地域の復興のために中小企業を支援する補助金である。この補助金には復興のための計画書が必要になる。また災害支援に特化した「小規模事業者持続化補助金(※2)」も交付されることもあり、この時にも事業計画書が必要となる。日本の制度上、災害支援であっても無条件で国が資金援助を行うのは難しいらしく、これらの計画書作りに診断士の力が必要となってくる。

災害支援関連の支援策では、国の仕組み上、住居用不動産賃貸業は対象外となることが多い。しかし被災地の緊急相談窓口には、こういった業種の経営者も相談に来られるが、助けてあげられる手段がないという現実に直面する。賃貸物件が全壊、収入はゼロ、さらに多額の借入金があったりすると、胸を締め付けられる思いになるが、そういう相談者にも親身に対応しなければならない。災害支援では、経営知識だけではなく、コミュニケーションスキルも重要になる支援テーマである。

※2　小規模事業者を対象に、販売促進に関する経費の一部を補助する国の補助金制度。他の補助金と比べると書類も少なく、初めての補助金活用や事業計画書作成のインセンティブとしてすすめることもある。

災害支援のお仕事は？

災害支援について、道浦健治中小企業診断士にお話をうかがった。道浦氏は、大学卒業後アメリカに留学し、その後ソフトウェア会社と通信系会社を経て2012年に経営コンサルタントとして独立開業。学生時代に兵庫県西宮市で阪神・淡路大震災を経験し、これが人生の転機になった。東日本大震災では宮城県に移住し、東北三陸沿岸部にて災害支援に従事した。その後首都圏に移住し、リモートで熊本地震の支援にも従事してきた。現在は、東京都内にて小規模事業者の事業承継支援、商工団体のコーディネーター業務などを中心に活動している。

まず災害支援には、どのようなお仕事があるのだろうか？

「診断士の行う主な災害支援として、行政・商工支援団体と事業者、あるいは事業者間でお互いのやりとりを円滑にするための調整業務があります。例えば、被災事業者向けの補助金であるグループ補助金の場合、地域の事業者同士でグループを組む必要がありますが、他の事業者とのコミュニケーションに慣れていない経営者もいます。その時に、診断士は利害のない第三者として調整役になりえます」(前出・道浦氏)

道浦氏が語るように、まず診断士の災害支援としては、国や自治体の災害支援策を、円滑に進めるサポートが中心となる。筆者が西日本豪雨災害支援を行った時もほぼ同様だった。その際に、中小企業ならではの課題もある。

「中小企業には、経営戦略を考える部門を持っていることはほとんどないです。経営者の「感と経験」に基づく経営判断を行うことがほとんどです。平時は問題なかったことが、災害により顕在化します。そのような場合、まず自己解決が難しいものです。そこで、第三者が介入しての事業再建に向けた方向づけ支援もあり得るのではないでしょうか」(前出・道浦氏)

支援策を申請する時にも計画書が必要になるが、計画を作成した経験がない上に、災害によるパニックで、経営者が自力で計画をまとめることはほぼ不可能。ゆえに第三者である診断士のサポートが必要になってくる。それら以外にも、災害支援は多岐にわたる。

「東日本大震災後、東北の被災事業者の間で、阪神・淡路大震災で被災した神戸市長田区に、当時の災害支援対策の話を聞きに行く企画が挙がりました。メディアの話を鵜呑みにするのではなく、現実をリアルに感じてもらうため、現地で被災された方々に会ってもらうべく、その際のコーディネート業務を行いました。大規模災害の後は、地域経済が停滞します。また、地域外業者によるハード面の整備では、地元経済の活性化、地域に適した対応がほぼ不可能です。そこで、復興公営住宅建設の時には、地元工務店の方々のグループ化を調整担当として支援し、復興公営住宅建設事業受託に向けた一般社団法人設立のお手伝いもしました」(前出・道浦氏)

災害支援では、過去の前例がないケースが多く、ゆえにイレギュラーな支援を実施することがある。さらに災害支援では、災害支援ゆえのジレンマもある。

「実際には、外部環境の変化に順応する必要があるため、多くの事業者は再起が難しくなるのが実情です。ゆえに真面目に向き合えば向き合うほど、支援者としては精神的にはキツくなります」(前出・道浦氏)

国も自治体も診断士も、全知全能ではないので、すべての事業者を救えないのが現実であり、結果自分や地域でできることの限界も見えてくる。ある公的機関では、最初に復旧するリスク(費用をかけて再建しても、元の売上に戻る可能性は低いなど)を説明し、復旧するか傷口が広がる前に廃業するかを決断させている。ポジティブさだけではなく、現実をしっかり受け止めた支援も必要になる。大変なことも多い災害支援だが、得る経験は大きい。

「大きなストレスがかかった状態では、人の本質が見え隠れします。そこから、人の心理などのリアルを学ぶことができます。また新たな変化の現場に立ち合うことができます。そしてなにより、生きていることの感謝の気持ちが芽生えてきます」(前出・道浦氏)

災害支援は、ある意味、非日常の世界なので、日常では得られない経験を得る事ができる。人の本質や命の尊さを知ることができる支援テーマは、他にはないだろう。最後に災害支援のポイントを聞いてみた。

「まずやる気の有無ですね。長い支援になるので、長期的に関わる覚悟も必要です。一時的な思いつきなら、ふるさと納税などを活用する方が良いかも知れません。また日頃からの活動も大切です。どういう地域の課題があるのか。対策はどうあるべきなのか。有事となってから急に何かができるわけではありません。特に多方面へのネットワークを作るようにしておくと、何かのご縁が、うまく作用することがあります」(前出・道浦氏)

やはり緊急事態である災害支援には、やる気があるかないかは重要だ。2020年は新型コロナウイルスの影響で、緊急経営相談窓口が増えたが、軽い気持ちで携わった診断士は苦労しているようだ。それでも、国家資格である診断士を持っていると、信用面で有効に働く。災害支援に携わるなら、軽い気持ちではなくしっかりと立ち向かおう。

Column CASE 4

M＆Aで自ら経営者になる！

中小企業診断士は経営のお手伝いをするだけではなく、自分自身が経営者になっても良い。それを実践したのが、株式会社ステラコンサルティング（https://stella-consulting.jp/）代表取締役の木下綾子中小企業診断士である。木下氏は中小企業診断士として、M＆A、経営改善などを支援する一方で、２０１９年にネイルサロン「ルミエナ銀座（旧店名：エオス銀座店）」をM＆Aして経営者としても活動している。

まず、なぜM＆Aをしようと思ったのだろうか？

「M&Aアドバイザーとして支援をしてきて、小さい案件なら自分で買ってみてもいいかな、買ってみると買い手の気持ちもわかるかな、といった気持ちが芽生えたことがあります。さらに診断士は自分に紐づく仕事ゆえ、体調を崩したりすると仕事が途切れてしまうので、私と紐付かない仕事があると、会社として安定するのではないか、という2つの理由がありました。そんな時、銀座のネイルサロンが売りに出されているのを見つけました。銀座のネイルサロンが売りに出されるケースは珍しく、予算内で収まったこともあり、思い切ってM&Aをしました」

M&Aの支援を続けてきた中で、気持ちが高まっていったということが大きいようだ。また筆者は、支援を継続していく中でM&A案件を見極める目が養われたことも大きいと考える。もし案件を見極める目がなかったら、銀座の案件を見過ごしていただろう。

近年はインターネットによるスモールM＆Aマッチングサービスも出てきており、トランビ（https://www.tranbi.com/）や、バトンズ（https://batonz.jp/）が有名な存在になっている。公的機関であれば、事業承継支援で述べた都道府県事業引き継ぎ支援センターを活用しても良いだろう。スモールM＆Aは木下氏のネイルサロンのように、店舗系のビジネスに特に有効のようだ。

起業の場合は、出店先を自らの足で探す必要があるが、良い立地の店舗は、賃貸市場に出ないまま取引されることが多いらしく、不動産業者や金融機関などとの強いつながりがないと、良い立地に巡りあうのは難しい。しかしM＆Aなら、立地ごとビジネスを手に入れることができる。立地で9割が決まってしまうと言われる店舗系ビジネスを始めるなら、M&Aは有効な手段となりえるだろう。

しかし、M&Aは一筋縄ではいかなかったらしい。

「案件を決めたらデューデリ（投資価値やリスクを調査する作業）を始めたのですが、決算1期目が終わっていなかったので、財務諸表がありませんでした。なので日々の帳簿を見せてもらったのですが、ほとんどつけてなく、かつ数字もあわず正確な収支が把握できませんでした。やむを得ず広告費、人件費、地代家賃さえ押さえれば、あとは大きくブレることはないだろうと思い、M&Aを進めました」

小規模企業では、財務諸表の信頼度が低いこともあり、財務状況を完全に把握するのは難しい。ある程度の財務リスクは許容しないといけないようだ。

それでも、想定を超える事態も起きる。

「無事、事業譲渡の契約を交わしたのですが、契約書にあった従業員2名はすでに退職していました。さらに採用広告費の簿外債務も見つかりました。従業員はあきらめましたが、未払いの採用広告費は前オーナーに支払ってもらいました」

M&Aには大きく事業譲渡と株式譲渡にわかれ、事業譲渡は債務を引き継がないのでローリスクになる。木下氏は事業譲渡でM&Aをしたので、この簿外債務を突っぱねることができた。しっかりリスクマネジメントをしていても、こういった事態も起こるので、念には念を入れることに越したことはないようだ。

そして事業を引き継いだ後も、やるべきことは出てくる。

「その後、サロンのリニューアルをしました。決してきれいなお店とは言えなかったので、内装を一新して店名も変えました。このリニューアルは自己資金でまかないました」

M&A契約が終わったからといって、そこがゴールではない。改装や設備投資などの出費は出てくるので、その予算も計算しておかなければならない。また木下氏はリニューアルを自己資金で賄ったが、時間的に余裕があるなら、自身で補助金を活用する方法もある。

そして、このリニューアルにより新たな出来事も発生した。

「引き継いだ従業員が、結果的に全員退職しました。前オーナーが安売りのコンセプトだったので、高級路線への方針転換にあわなかったのだと思います。ところが、それに入れ替わる形で良い従業員を多く採用できました。高級路線への転換に伴って、それに見合った人が来てくれました」

店舗の方針が変わると、そこに集まる従業員も変わってくるというのは、今までにない発見だと思う。人手不足に悩む中小企業のヒントになるかもしれない。

さらに診断士業務にも好影響を及ぼしている。

「M&Aを自分自身でしてきたので、ポイントや留意点も話せますし、当店を生きた事例としても使えます」

自身でM&Aや店舗運営、採用活動をしてきたことにより事例が蓄積され、経営者に対して説得力が増す。この点は筆者も見習いたい。

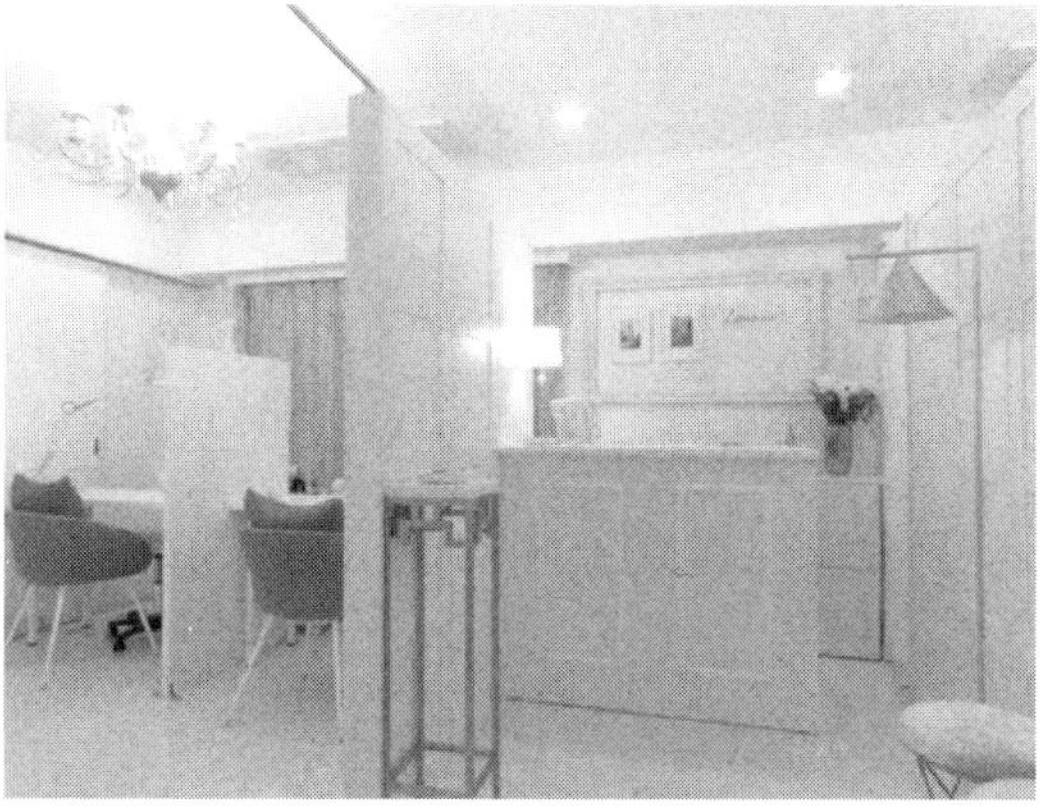

最後にM&A成功のポイントを聞いて

みた。

「リスクをどこまで許容できるかを、知ることでしょう。ローリスクな案件を手にいれようとすると、高額になるため普通の診断士が買うのは難しいです。手に負えないリスクだけは除外して、あとは許容し自身で改善していくことでしょう。あとは覚悟と勢いですね」

M&Aに向く人は、行動力やフットワークが軽い人が良いらしく、そういう人なら多少の想定外のことが起きても自力で解決できるようだ。

筆者もM&Aに興味はあるもの、企業経営、事業運営の大変さを見てきたゆえ、なかなか第一歩が踏み出せない。それを踏み出すことができた木下氏には恐れ入る。

経営に興味がある診断士なら、M&Aに挑戦してはどうだろう?　きっと新境地が開けるはずだ。

第5章

中小企業診断士として独立するなら
[独立開業の戦略の立て方]

22 診断士業界の市場動向

決して甘くはない診断士の世界

レッドオーシャンになった東京近郊

この10年で変わったことは、東京近郊の独立診断士の仕事面が厳しくなったことだろう。

ある時、筆者が登録していた診断士グループのメーリングリストから、セミナー講師の仕事紹介があった。筆者もこれならできそうと思い返信しようと考えていたところ、そのメール約20分後に「想定していた以上の応募があり、受付を締め切らせていただきました」というメールが届いた。しかもこのようなことが複数回続くようになった。また、かつては手をあげれば誰でもできたと言われる公的機関業務も、倍率50倍以上の難関になったと言われており、それだけ競争が激しくなったということだろう。

ではなぜ、このような状況になったのだろうか？　筆者が診断士を取得した2010年当時、東京都の独立診断士は、東京協会会員4000人のうち2割程度と言われ、800人程度と想定されていた。現在はどうかというと、東京協会の会員は4500人程度に増え、独立比率も3割程度にアップしたと言われ、これらを踏まえて計算すると1350人。ここ10年間で1.7倍程度増えたことになる。

一方で中小企業数はどうだろう。2009年の東京都の中小企業数は48万7693社（※1）に対し、2016年には41万3408社（※2）と約15％減っている。おそらく現在はさらに

※1　出典：「産業・雇用就業統計基本データ集ー総務省「経済センサスー基礎調査」を東京都産業労働局で再編加工」

※2　出典：「総務省・経済産業省「平成28年経済センサス・活動調査結果」

減っていると想定される。中小企業数の減少＝中小企業診断士の仕事減少に直接結びつくとは限らないが、ポジティブな情報とは言えないだろう。

結果、独立診断士が1・7倍増えて、中小企業が15％減になっていると、計算上2倍競争が激しくなったことになる。

しかし、競争の激しさは東京都だけに留まらない。東京都の隣接県を見ると、その昔、10 0人に満たないと言われていた埼玉県中小企業診断協会も300人を超え、神奈川県は団体を二分するほど拡大している。

拡大することは業界全体としては喜ばしいことだが、一方で競争も激しくなる一面も持ち合わせている。実際、独立1年目診断士にインタビューという企画でアポをとったら、すでに廃業していた、ということも少なくないようだ。

これから独立を考えている東京近郊の独立診断士予備軍は、このレッドオーシャンを生き抜かなければならないことを心しておく必要があるだろう。

チーム を組んで団体戦へ

独立診断士が増えたことで、東京近郊では戦い方が個人戦からが団体戦になってきている。

もともと独立するということは個人戦になるのだが、今の東京近郊にて1人でできることは限られる。そのため、個人同士がグループを組んで大きな仕事を取りにいき、仲間同士でシェアをするのである。

多くの場合は、診断士歴が長くコネクションを持つベテラン診断士がリーダーになるが、フラットな仲間内で立ち上げたグループもある。

組織形態も様々で、法人格を持っているベテラン診断士が元請けになり、パートナー契約を結んだ診断士に仕事をシェアするタイプもあれば、一般社団法人等を立ち上げて、一つの団体として活動するタイプもある。さらには、特に格式張ったアライアンスを結ばず、気がついたら自然発生的に一つのグループになっていたというタイプもある。

そこに所属するメンバーもさまざまで、一つのグループにガッチリ入り込む人もいれば、複数のグループから適度に仕事を請け負う人もいる。そして、グループとしての仕事も請け負うけれども、メインはあくまで独自路線という人もいる。近年は、中小企業診断士だけではなく、社会保険労務士、行政書士、税理士など他の士業とグループを組むこともある。

さらには、あるグループに所属していたけれども、ある日突然、自分自身がリーダーとしてグループを旗揚げするという人もおり、さまざまな人間模様を垣間見ることができる。このような状況を見て、「三国志」を思い起こすのは筆者だけだろうか。

自分自身がグループのリーダーを目指すもよし、メンバーとしてグループに忠義をつくすもよし、団体に属さず独自路線をつらぬくもよし、いろいろな道を選べるのも、診断士の面白さなのかもしれない。

地方に活路を見いだす!

レッドオーシャンの東京近郊から抜け出して、地方で勝負してみる戦略もある。

筆者も東京近郊のレッドオーシャンに巻き込まれて先行きが不透明になった時、先輩診断士から「思い切って、地方で勝負してみたらどうだ?」とアドバイスをもらったことがきっかけで、2017年から足掛け3年、岡山県で仕事をしてきた。

東京の診断士からすると「地方ってそんなに仕事があるの?」、地方の診断士からすると「東京の方が仕事は多いでしょ」と思うかもしれない。確かに仕事の絶対数でいったら東京近郊の方が多いだろう。しかし、それに独立診断士数を踏まえると答えは違ってくる。

2016年の東京都の中小企業数は41万3408社に対し、岡山県の中小企業数は約5万2368社(※3)。単純に計算すると、東京都の方が岡山県より約7・9倍中小企業が多いので、それに比例して

東京と岡山の比較

東京の中小企業数　約 413,408 社
岡山の中小企業数　約 52,368 社

↓

約 7.9 倍、東京の方が中小企業数は多い

東京協会会員数　約 4,500 名 × 独立率 30 %＝想定独立診断士 1,350 名
岡山協会会員数　約 100 名 × 独立率 50 %＝想定独立診断士 50 名

↓

約 27 倍、東京の方が独立診断士は多い

↓

27 倍 ÷ 7.9 倍＝約 3.4 倍、東京の方が競争が激しい!

※3　出典:「総務省・経済産業省「平成28年経済センサス‐活動調査結果」

仕事も多いことは想像がつく。

一方で、東京都の独立診断士は、協会会員数約4500人に対し3割程度が独立していると言われ、1350人程度と説明した。岡山県は協会会員数が約100人、独立比率は5割程度と言われ、独立診断士は50人程度と想定される。東京と岡山の独立診断士を比較すると、その差はなんと27倍！　仕事が8倍程度多くても、ライバルである独立診断士が27倍多いとなると、東京の方が約3・4倍競争は激しいことになる。診断協会に所属していない診断士もいると思うが、競争倍率的には、ほぼ同じになると考えている。

さらに地方に行くと、診断士協会会員が50人程度、独立診断士が25～30人というところもあり、実際、ある地方の同期診断士と話をしたところ、「ここでは独立診断士が少ないので、仕事に困ったことはない」という、なんとも羨ましいことを話していた。

地方で仕事をするには、いかにその地域コミュニティに溶け込めるかがポイントになるだろう。地方では診断士はもちろん、経営者や行政機関職員に至るまで、総じて地元愛が強い。そこに「東京に身に付けたスキルを、見せつけてやるぜ！」というプロダクトアウト的な勢いで入り込むと、反発を招く可能性がある。まずは地元の人たちとしっかりとコミュニケーションを取り、そしてその地域を知ることが必要だ。

さらに加えるなら、その地域に住めるとなお良い。地方の人からよく聞かれる言葉が「やはり、（出張ではなく）この地域に住んでほしい」である。単に仕事のためだけではなく、この地域に根付いて、この地域を好きになってほしい。これが地方に住む人たちの気持ちのようだ。

筆者は岡山に地縁がなかったので、岡山県の移住担当と話をし、事前に岡山に足を運び、この目で岡山を見てきた。そして岡山にアパートを借りた。そこまですることによって、岡山の人たちと関係性を築くことができたと考えている。2019年で岡山の仕事は完了したが、岡山の人たちとの関係はその後も続いている。

診断士にとってレッドオーシャンになるデメリットは、収入面に加えて経験面がある。東京近郊は診断協会主催のマスターコースなど、スキルを勉強できる場面に恵まれている。しかし、どんなに勉強を重ねても、実戦経験が少ないとスキルは磨かれない。いくら学科を勉強して教習所内を運転しても、実際に路上を走らないと自動車の運転が上達しないのと同様に、講師業であれば登壇することによって、コンサルティングであればクライアントとやり取りをすることによってスキルが磨かれる。

しかしレッドオーシャンにいると、実戦経験を積めないからスキルが上がらない。スキルが上がらないから仕事がない。仕事がないから実

負のスパイラル

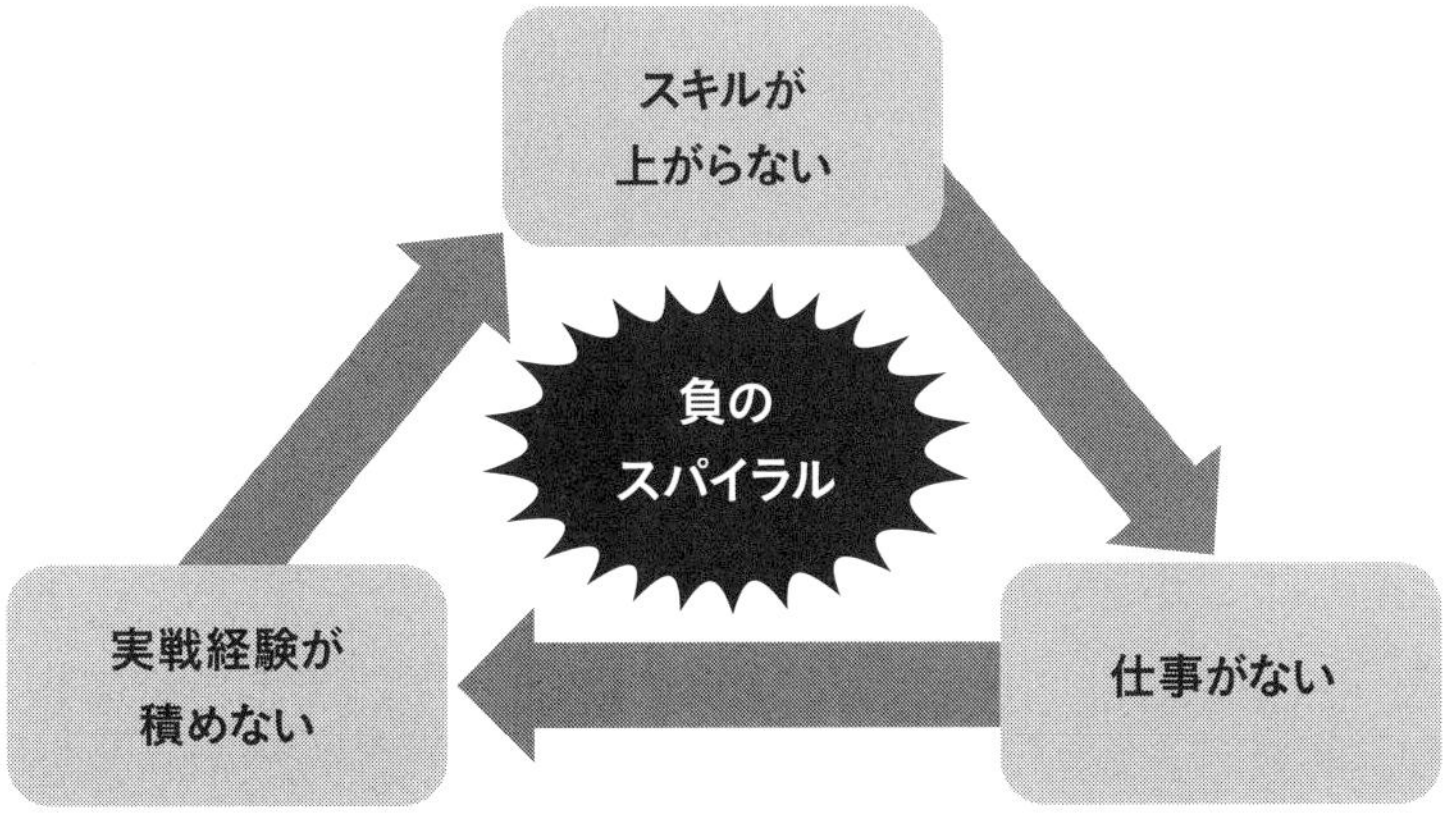

戦経験が積めない、という負のスパイラルに陥ってしまう。

筆者が岡山で仕事をしていた公的機関は相談者数全国2位という地元で信頼されている経営相談施設で、数多くの経営相談経験を積むことができた。この経験が、その後の大きな転機になったことは言うまでもない。

筆者はサラリーマン時代に人事異動がなく、東京、神奈川にしか住んだことがなかったので、かなりの準備をしてきたが、自身や配偶者の実家が地方にあるなら、そこを起点に切り開いていくとよいだろう。

23 独立診断士の事業戦略

独立の事業ドメインを考える

あなたの過去から強みを探す

独立診断士としての強みや専門性を考える時に、前職が金融機関であれば財務系コンサルタント、小売業であれば小売業コンサルタントなど、過去の延長線上で考えることが基本となる。また技術系や営業系の経験も強みになりやすい。具体的に開発に携わった製品や、営業の表彰歴などがあると有利になる。また大手企業の経歴も中小企業経営者からみると、期待値が高く強みになりやすい。ただし期待値が高いゆえ、相応の成果を残さないと逆に信用度が下がることがあるので留意しておこう。

このように、自身のこれまでの経験・経歴から専門性や強みを探っていくことが基本になるが、「サラリーマン時代はIT一色だったので、独立後は人に関わる仕事をしたい」といった、過去を捨てて違う仕事をしたいという人が一定の割合で出てくる。その昔には、よほど過去の仕事でつらいことがあったのか「私は過去を捨てて、生まれ変わりたいのです！」と熱く語ってきた人もいた。

独立後は、今までと違ったことをしたいという気持ちはわかるが、過去を捨てて新しいことに挑戦するには、残念ながら年齢制限がある。ほとんどの場合は、診断士の資格だけでは評価してもらえず、それまでの経験・経歴が問われる。筆者もこの壁にぶち当たり、現実を思い知らされた。過去を捨てて生まれ変われるのは、30代前半ぐらいまでだろう。

現実は厳しいが、生まれ変わることはできる。それは、「過去を捨てて」ではなく「過去を活かして」生まれ変わるのである。華々しい実績がなくても今日まで生きてきた以上、自分の中に蓄積されてきた経験はある。その経験と診断士を生かして、独自領域をつくっていくのだ。

また、マイナスの経験も活かすことができる。知人の診断士は、経営者時代に甘い言葉に誘われて、親から継いだ会社を倒産させてしまった経験を活かし、現在は事業承継コンサルタントとして、全国を飛びまわる人気診断士になった。マイナスの経験は人の共感を生み、聞き手の内省を図ることができる。診断士として活動するのに、マイナスの経験を出すのは恥ずかしいと思うかもしれない。しかし、自信を持って伝えればそれは強みに転換できる。

どんな経験であっても、会社員時代または経営者時代の経験に無駄はないことを覚えておこう。

「○○といったら、○○さん」と言われるように

独立系診断士と名刺交換をすると、事業内容に「事業計画作成」、「経営戦略策定」というキーワードを多く見かける。「事業計画作成」、「経営戦略策定」は診断士としてはオーソドックスな仕事であり、これ自体は何の問題もない。問題はそれを「多くみかける」ことである。みんなが「事業計画作成」、「経営戦略策定」と名刺に書いていたら、顧客から見て、あなたに仕事を依頼する理由は何だろうか？

まず実績やネームバリューで判断される。同じ事業内容なら、実績やネームバリューのある人にお願いしたくなるのが人情である。しかし、独立直後に実績やネームバリューで勝負をするのは厳しい。

次が価格である。同じ内容なら安い方にお願いしたくなるのも人情である。しかし、「事業計画作成」も「経営戦略策定」も診断士個人のスキルが左右する商品なので、価格を安くすると「安かろう、悪かろう」と見られることもある。それはイコール、自分自身の価値を自ら下げることになってしまう。

この悪循環を抜け出す方法が「専門性」や「得意分野」と言われるものだ。例えば、ここに初対面の診断士が2人いる。ひとりは資金調達専門の診断士。もうひとりは「事業計画作成」、「経営戦略策定」、「販売促進」、「資金調達」、「メルマガ作成代行」など、いわゆるなんでも屋の診断士。あなたが金融機関からお金を借りたいと思った時、どちらの診断士にお願いするだろうか？　おそらく資金調達専門の診断士にお願いするだろう。では販売促進のサポートをお

願いしたいときに、このなんでも屋の診断士にお願いするだろうか？　おそらく、販売促進専門の診断士を探すだろう。診断士が山ほどいる現代では、なんでもできる診断士は「選ばれない診断士」になりやすいのだ。

さらに「専門性」や「得意分野」が明確になっていると、紹介もされやすくなる。筆者も、海外進出なら○○さん、小売店販売なら○○さん、ホームページなら○○さん、とすぐに頭に浮かぶ診断士が何人かいる。このように、ある仕事の話があがった時に、その人の頭に浮かぶか浮かばないかが独立では重要になる。

「専門性」や「得意分野」は、前項で述べた会社員時代の強みから形成するのがセオリーである。時々「専門性」をつくるために、民間資格などでスキルアップをする人もいるが、それだけでは「専門性」は作りにくい。例えば2日間で20万円かけて新しいスキルを身につけたとしよう。それはつまり、2日間で20万円かければ、誰でも身についてしまうスキルである。しかしあなたが、十数年かけて身についたスキルや経験は誰にも真似ができない。自分の経歴、経験から「専門性」、「得意分野」を引き出し、それを補う形でスキルアップを行い、体系化していくことが望ましいだろう。

「やりたい事」よりも「求められる事」を優先

第一版では、「診断士として独立するなら、目的と目標を持とう！」と伝えていた。しかし、独立診断士を続ける中で、「夢や目標を持たない生き方」もあると考え方が変わってきた。

診断士として独立する時には、「海外展開を支援したい！」、「全国から呼ばれるセミナー講師になりたい！」、「本を出したい！」など、「自分がやりたい夢や目標」があるものだ。しかし筆者は、「自分がやりたい夢や目標」は一旦置いといて、まずは「他者から求められている事」から着手することを勧めている。なぜなら、「自分がやりたい事」よりも「他者から求められている事」の方が、お金になりやすいからである。

「お金のためだけに、独立する訳ではない！」と反論される人もいると思うが、それは筆者も同じである。「お金のためにだけ」となると営利第一のブラック企業になる可能性があるが、一方で、お金がなければビジネスも生活も成り立たなくなるのが現実だ。ビジネスである以上「優先順位の1位はお金」であると筆者は考える。

もちろん初めから「自分がやりたい事」と「他者から求められている事」が相思相愛している恵まれた診断士もいるが、多くは「自分がやりたい事」だけど「他者から求められていない事」と、「他者から求められている事」だけど「自分がやりたくない事」の狭間で迷い、最終的に「せっかく独立したのだから」と、「自分がやりたい事」を優先させる人が多いのではないだろうか？　これをまとめると、次のようなマトリックスになる。

夢や目標に向かって努力することは素晴らしいことだ。しかし「他者から求められていない事」を「他者から求められている事」に変えていくには、時間とコストがかかることがある。例えば、「サラリーマン時代は内勤だったから、診断士として独立したら海外展開を支援したい！」と考えていたとしても、海外展開のスキルがなければ貿易や外国語などの勉強が必要になり、それを身につけるのにはお金も時間もかかる。ところが、それだけお金や時間を費やしても、サラリーマン時代に商社勤めで海外駐在経験もある診断士に勝つのは難しいだろう。

「他者から求められていない事」に向かって努力するということは、逆流に逆らって手漕ぎボートを漕ぐようなものである。それよりも水面に浮かぶ笹舟のように、特に夢や目標を持たずに漂っていると、自然と他者から求められる方向に流される。求められる方向がわかったなら、その方向に向かって漕ぎ出せば、水の流れを味方につけることができる。ゆえに、「自分がやりたい事」は、将来のビジョンとして取っておき、まず「他者から求められている事」を優先し、ビジネスや生活がまわりだしてから、「自分がやりたい事」に着手すれば良いのだ。

実際筆者の周りにも、「周囲から、これやって、あれやって、と頼まれているうちに、今の事業の形になった」という創業10年以上の診断士や事業者もいる。夢や目標に捕らわれない戦略もあることを、知っておくと良いだろう。

やりたい事・求められている事マトリックス

他者（顧客・取引先） ＼ 自分	やりたい事	やりたくない事
求められている事	相思相愛の理想の状態	迷い・葛藤の渦を錯綜中
求められていない事	夢・目標に向けて逆流に逆う	お金のためだけに行動をする

24 独立診断士のマーケティング戦略

どうやって仕事を取っていくか?

営業力は士業全般の課題

士業は、全般的に内向的な努力家なタイプが多い。診断士は他の士業よりも外向的な人が多いと言われるが、それでも全体からすると少ない。ゆえにかつては、診断士に合格して独立し、ホームページを作って仕事を待つ人も多かった。しかし、待つだけで仕事を取れるほど今は甘くはない。すると、努力家の士業は、次の資格取得のために勉強を始める。例えば、診断士に合格した後、社労士の勉強を始め合格する。しかし仕事が来ない。さらに税理士の勉強を始め合格する。それでも仕事は少ない。最後には「資格なんて、足の裏についた米粒(※1)」と言い始めることもある。

士業の努力家の特性は、強みであることは間違いない。その努力家の強みに、併行して絶対必要なのが「営業力」である。ランチェスター戦略の竹田陽一先生は、「営業成果は訪問面会件数の2乗×営業技術」としている。これを士業に置き換えると、営業技術というのが士業のスキルになり、自分の能力アップにかける時間にあたる。そして訪問面会件数は顧客と会う時間になり、これは2乗の効果がある。つまり、ある程度しっかりしたスキルがあれば、さらにスキルを上げるよりも、顧客と会う時間を増やした方がよいという意味だ。ところが士業は、内向的な努力家が多いため、顧客に会いに行く時間を削って、スキルアップに時間をかけることが

※1　資格を揶揄した言いまわしで、その心は「取っても食えない」。資格だけで食べられる時代ではないが、活かして食べている士業もおり、所詮は自分自身を正当化する常套句。

多い。

筆者の周りの成功している診断士にも、スキルアップは程々にして、顧客と会う時間を多くしていることが多い。ある士業向けセミナーに参加した時「営業活動をしないで、仕事を採る方法はないか?」と質問していた人がいた。誰が見ても素晴らしい実績や肩書きがあり、メディアで多く取り上げられるような診断士なら、ホームページを作って仕事を待つ「プル戦略(※2)」それも可能だろうが、普通の診断士は地道に人に会いに行く「プッシュ戦略(※3)」が基本になる。新しい人と会うのはパワーを使う。時には厳しいことを言われる時もある。しかし、それは誰もが通る道である。臆することなく、立ち向かっていこう。

独立初期は365日働くべし!

自分の「専門性」や「得意分野」が決まったら、診断士としての活動の始まりだ。まず独立1年目の労働日数は365日確保する。つまり、休まないのである。筆者は独立する時、ランチェスター戦略で有名な竹田陽一先生の著書「独立を考えたら読む本」(中経出版)を読んだ。その著書には「独立直後は年間3700時間働きなさい」とある。3700時間がどのくらいかピンとこないだろう。では3700時間を会社員に換算するとどうなるか?

会社員の平均所定内勤務時間はだいたい1850時間。そして3700時間から1850時間を引くと、1850時間になる。これが残業に相当する。この1850時間を12で割ると154時間になる。つまり、独立直後はサラリーマン換算で、毎月154時間残業するつもりで働きなさいということだ。筆者の会社員時代の残業時間が、だいたい40時間前後。忙しい時

※2　広告やパブリシティなどを利用して購買意欲を喚起し、商品購入を促す販売戦略。主に大企業の戦略。

※3　人的販売など顧客に直接働きかけ、商品購入を促す販売戦略。主に中小企業の戦略。

でも１００時間を超えることは１度しかなく、多くの会社員は常時これだけ働いたことはないだろう。

この話を聞いて「そこまでしなくても、もっと気楽に独立したい」と感じた人は、独立しない方がよいだろう。ユニクロの柳井正社長の著書に「一勝九敗」がある。この著書の「一勝九敗」は新規事業を始めても、10回のうち１回しか成功しない、それくらい新規事業は難しいという意味である。ユニクロの柳井社長がやって10回に１回しか成功しないものに、個人で立ち向かおうとするのが独立である。３７００時間で尻込みしていては、一番きつい独立初期の壁を乗り切れない。どんな困難があってもそれを乗りきる覚悟が独立には必要だ。

筆者も１年目は、竹田陽一先生の教え通り３７００時間働いた。単純計算で１日約10時間。決して無謀な数字ではない。

ビジネスとプライベートの境目はあいまいになるが、筆者も今は、月３日程度完全休日が取れるようになり、それ以外にまとまった休みを数日取って、年間６０日程度休みを取れるようになった。それでも会社員の年間休日が１２０日前後なので、それと比較すると半分程度になる。それでもキツイと思ったことはあまりない。やはり会社と違い「やらされ感」がないことが理由であろう。診断士に限らず独立した人にとって、時間的なキツさよりも、仕事がないキツさの方が大きい。時々「自分の時間をつくるために独立したい」という創業希望者もいるが、自分の時間をつくりたいのであれば、働き方改革が推進されている会社員の方がよいだろう。

ボランティアは試用期間と考えよう

診断士の世界で結構多いのが、謝金が発生しないボランティアの仕事である。具体的には、イベント行事のスタッフ、コンサルティングや研修のサポート、販売促進のためのセミナー講師など様々である。

謝金が発生しないので、受けるかどうか悩むところだが、独立初期はできるだけ受けることを勧める。なぜならボランティア仕事が、有償仕事前の試用期間になることがあるからだ。

前述したように診断士の仕事は、スキル、実績などの他に、資料を期日までに提出するなどの素行面も重視される。こんなこと、独立診断士なら当たり前のことと思ったかもしれないが、意外とできていない診断士も多い。

独立診断士は、会社と違い上司というものが存在しない。会社なら資料を期日までに提出しなければ上司に注意されるが、独立すると注意されることは少なくなる。それが大きな理由であろう。確かに注意はされないが、それはサイレントクレームになり、やがて仕事の方から去っていく。これは独立間もない診断士としては、死活問題になるので注意が必要だ。

仕事を出す方からすると、スキルや実績もさることながら、この当たり前のことをしっかりしてくれる人に仕事をお願いしたいというのが人情。それを知る手段がこのボランティア仕事である。ボランティア仕事は自分の仕事の質を見てもらうための試用期間なのだ。

またボランティア仕事を受けることで、依頼者との関係性を高めることができる。心理学に「ザイアンスの法則」というものがある。これは、人は何度も同じ人と会うと、好感を抱くという心の仕組みである。だからといって何の理由もないのに、いきなり先方に出向くと不審に思われ逆効果になる。そんな時、ボランティア仕事は会うための合理的な理由になる。さらに「先日は、ありがとうございました」とお礼に出向けば、2回会う機会ができる。依頼者と継続的な関係を築くときにもボランティア仕事は有効だ。

独立診断士には「自分を安売りはしない」「そんな遠回りはしない」「実力で勝負する」という人もいる。これらは、事業を軌道にのせ、多くの人が素晴らしいと思える実績を残した者がとることができる強者の作戦である。確かにボランティア仕事をあまり受けすぎると、単なる便利屋で終わるリスクもあるが、独立間もない駆け出し診断士は、謙虚に急がば回れの「弱者の作戦」をとることをお勧めする。

WEB集客か？ 人間関係重視か？

ホームページを開設して待つだけでは仕事は来ないと先に述べたが、近年はインターネットをフル活用したWEB集客で仕事を増やす士業も増えている。都内ではWEB集客のセミナーやスクールも数多く開催されており、診断士を含めた士業で賑わっているようだ。

王道のWEB集客は、集客専用のランディングページを開設し、フェイスブックやツイッターなどのSNS、ラインなどの無料通話アプリ、リスティング広告やバナーなどインターネット広告を駆使しランディングページに誘導する。ランディングページでは、いきなりサービスの販売をするのではなく、無料説明会やセミナーに申し込みを促す。無料説明会やセミナーでは、自身と受講者との親近感や信頼関係を築き、ケースによりワンクッション、個別相談や個別コンサルティングをはさみ、契約に持ち込むという流れになる。近年では、SNSやインターネット広告に加えて、ユーチューブなどの動画サイトも活用されてきている。

WEB集客では、顧客に提供する具体的サービスが確立している時に向いている。逆を言うと、WEBの前に提供できるサービスの確立が先になる。中小企業との直接取引なら、売上拡大に結びつく具体的サービスが必要になる。助言だけで契約に結びつくのは一部の大先生だけだ。

またWEB集客には、お金がかかるデメリットがある。さまざまなWEBツールを活用するので、本格的にやるならある程度のコストをかける必要がある。

一方で、人間関係を重視した営業も健在である。東京近郊では、仕事を紹介しあう異業種交流会も立ち上がっているが、基本は自然な流れからのご紹介やお声がけになる。しかし、紹介やお声がけが中心といってもただ待つわけではなく、しっかりとした準備が必要になる。

人間関係重視であっても、ホームページとSN

WEB集客の基本フロー

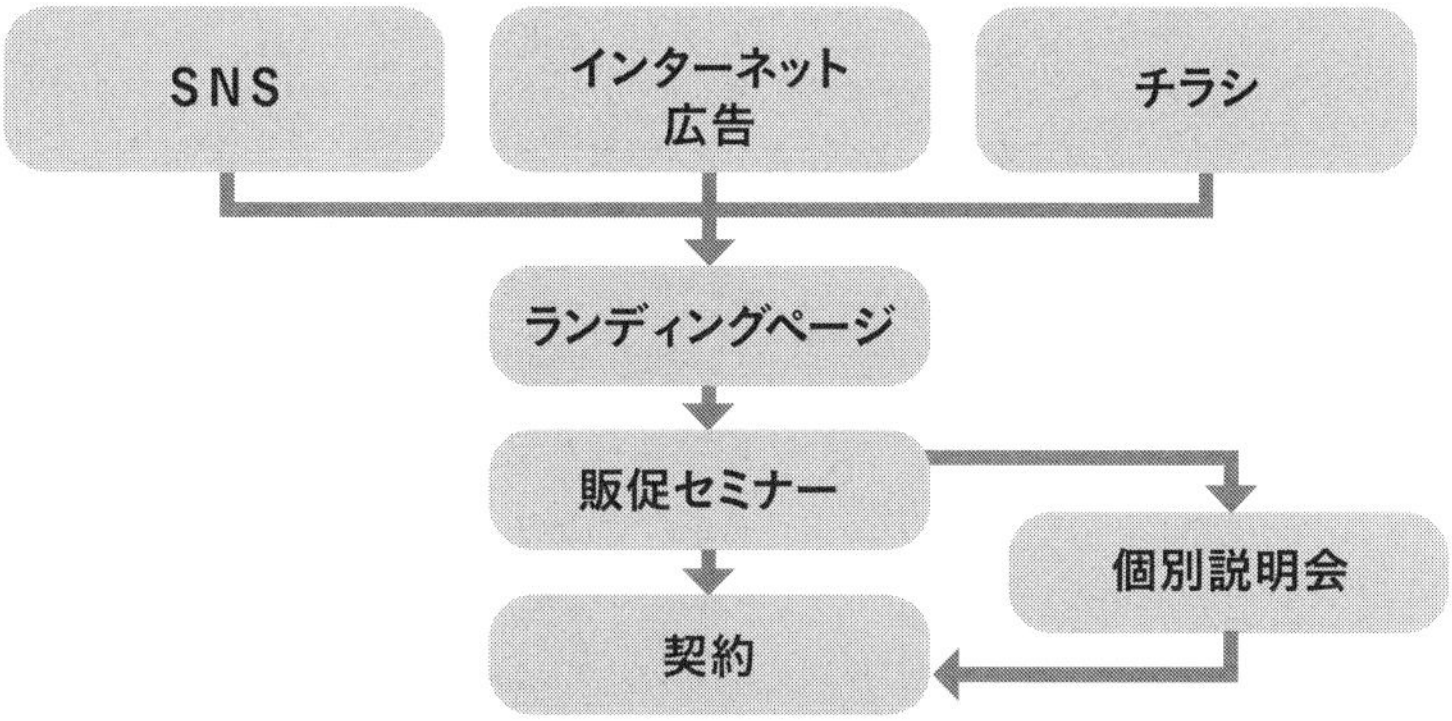

Sは始めるべきであろう。ただし、WEB集客が自社やサービスのメリットを中心に押し出すのに対し、人間関係重視では自身の得意分野や人間性、日々の活動を中心に押し出していく。人間関係重視では、既に会ったことがある人や口コミを聞いた人が、安心して仕事をお願いできる人か調べるためにホームページやSNSを見にくるので、安心感を与える情報がメインになってくる。

またリアルな場面からのインターネットへの誘導が必要になるため、指名検索可能な屋号をつける、検索エンジンの上位に表示されやすいキーワードを名刺に掲載する、短くわかりやすい独自ドメインを取る、といった工夫も必要だ。近年ではQRコード(※4)も復権してきている。

人間関係重視はWEB集客と違い、ホームページにもある程度の見栄えは必要だが、それ以上にお金をかける必要はない。筆者は「Jimdo」(ジンドゥー)というCMS(※5)を使っている。「Jimdo」とは、ドイツのJimdo社が提供している簡単にホームページが作成できるサービスである。「Jimdo」は無料版からあるが、ビジネスで使うなら広告がなく独自ドメインが使える有料版を使おう。コストは1年間で1万1580円(2020年現在)なので、人間関係重視でもこれくらいのお金はかけよう。簡単とはいえ、はじめの一歩は大変だが、ある程度使えばブログ感覚で比較的簡単に更新もできる。「Jimdo」以外にも、デザインの自由度が高い「Wix」、サイバーエージェントが運営する「アメーバ・オウンド」などもある。

人間関係重視ではWEBツールはあくまで補助的なものであり、大切なのは紹介やお声が

※4　モザイク状の四角い2次元コード。一時期廃れかかったが、スマートフォンの普及により、再び見かけるようになった。WEBサイトのURLを入力するだけで、無料でQRコードを作ることもできる。QRコードは株式会社デンソーウェーブの登録商標。

※5　正式名はコンテンツ・マネジメント・システム。コンピュータ言語(HTML)を理解しなくても、マウス操作などにより、視覚的にWEBサイトの制作や更新ができるようになるというもの。

けされる信用である。それには小さな仕事に対し、しっかり結果を出し積み重ねていくしかない。ゆえに構築に時間がかかるのが、デメリットといえるかもしれない。

WEB集客でいくか、人間関係重視でいくかは、良い悪いはなく、どちらが自分に適しているかになる。しっかり見極めて、より良い選択をしてほしい。

価格設定はどうするか？

診断士として独立し、必ず悩むのが価格設定である。独立した診断士は原則価格を自分で決めることができる。ところが、診断士の仕事は仕入値がないので、いくらが妥当なのか悩むことがある。診断協会に入会するともらえる診断士手帳に標準価格表があるが、ベテラン診断士と駆け出し診断士では金額は違うため参考にしにくい。

筆者も独立した時、価格設定に大いに悩み、先輩診断士や同期診断士に聞いてみたが、誰からも明確な答えが返ってこなかった。ベテラン診断士であれば、過去の実績から数字を弾き出すこともできるが、実績の少ない駆け出し診断士の場合は難しい。そこで独立当初でもできる、価格設定方法をいくつか紹介しよう。

・時間換算法

この仕事をするのにどのくらいの時間がかかるかを換算し、それに欲しい時間当たり金額を乗じる方法である。サラリーマンから独立して間もない診断士には、一番理解しやすい方法だろう。コンサルティングサービスによって生み出す価値は違ってくるが、まずは同じ時間換算で売り出してみる。すると、引きのあるサービスとないサービスが出てくる。引きのあるサービスは、顧客が価値を感じているので時間単価をアップする。引きのないサービスは顧客が価値を感じていないので、時間単価を下げるか撤退する。これを繰り返して適正価格を見つけ出していく。

・ベンチマーク法

自分と同程度のスキル、実績、業務内容を持つ診断士を探し出し、その人を基準に価格を設定する方法である。必ずしも同じレベルの診断士だけではなく、自分より成功している診断士を見て「あの先生以上の価格はつけられない」と下げたり、逆に「あの先生よりは自分の方が上だろう」と上げたりして、適正価格を見つけ出していく。

・顧客決定法

最低限欲しい下限金額と、これ以上もらうともらい過ぎという上限金額を決めて、その範囲内で顧客に決めてもらうという方法である。この方法は知人の診断士から聞いたが、筆者もカルチャーショックを受けた。しかし形のないコンサルティングサービスに、どれだけ価値を感じるかは顧客によって違う。考えようによっては理にかなっている。最下限の金額ばかりになるリスクはあるが、実際にこの方法を使っている人に聞くと、最下限の金額を指定する顧客はほとんどいないらしい。リスクがある方法だが、試してみる価値はあるだろう。

いくつか価格設定方法について述べたが、最後は「決断」である。この金額なら、不満なく仕事に集中できるという金額をバシッと提示することだ。失注のリスクや罪悪感を恐れて、中途半端に安売りをしてしまうと、不満を持ったまま仕事をしてしまい、サービス品質の低下につながる。この金額で決まらなかったらしょうがないという割り切りも必要だ。

額面だけに惑わされない！

診断士の価格設定については、こちら主導で決めるだけではなく、顧客から提示されることも多い。例えば大企業の企業研修なら、1日15万円以上ということも普通にある。一方公的機関業務となると1日3万円程度。すると、この額面だけをみると、「企業研修の方が、めっちゃいいじゃん！」と思うだろう。しかし筆者は、仕事を額面だけでなく「額面 ÷（稼働時間＋準備時間＋（販促時間÷受注率））」で考えるようにすすめる。

実質時間単価の算出式

額面÷(稼働時間＋準備時間＋(販促時間÷受注率))＝実質時間単価

企業研修の一例

15万円÷(7時間＋21時間＋(2時間÷ 20%))＝ 3,947円/時

公的機関業務の一例

3万円÷(7時間＋ 0時間＋(0時間÷100%))＝ 4,285円/時

実質時間単価は公的機関業務の方が有利！

例えば、1日7時間の企業研修を15万円で受注したとしよう。企業研修にはコンテンツ制作の時間が必要になり、初めての企業研修なら自己リハーサルもするだろう。するとその準備時間として、稼働時間の3倍ぐらいの時間を見込む必要がある。さらに企業研修は都度発注のため、仕事を取りに行くための企画書作りや研修会社営業担当者とのやりとりといった販促時間も必要になる。しかも、近年はコンペになることも多く、販促時間をかけても失注してしまうこともある。実績のないうちは、受注率が低いこともある。この販促時間を2時間、受注率を20%として先の計算式に当てはめると、時間あたり3947円になる。

次に公的機関業務で、1日7時間3万円の契約だった場合はどうなるかを考えてみる。まず準備時間は勤務時間内で対応できることが多い。また年間契約のため一度受注できると、入院などさえなければ100%仕事はあり、販促時間も不要。これらを踏まえると、時間あたり4286円となり、企業研修を上回るのだ。

ただし企業研修の場合は、何回も仕事を受けることにより、経験曲線効果(※6)と規模の経済性(※7)が発揮され、準備時間や販促時間を短縮することができる、また実績がついてくれば受注率もアップする。例えば、準備時間を稼働時間の1/2、販促時間を1時間、受注率が80%とすると、時間あたり1万2766円まで跳ね上がる。この域まで達すれば、企業研修にアドバンテージがあるが、年に数回程度の仕事では、経験曲線効果も規模の経済性も発揮できない。

またこの計算式には入っていないが、貸し倒れリスクも頭に入れておく必要はある。顧客の

※6　累積生産数が増えることにより要領を得て、一単位あたりのコストが減少していく経済効果。スライド作成数が増えるとソフトウェアの習熟度が増し、短い時間で作成できるようになる。

※7　生産規模が増えることで、一単位あたりのコストが減少していく経済効果。別名スケールメリット。一度制作したコンテンツを使いまわせるようになると、規模の経済性を享受できる。

信用面も考慮する必要があるのだ。

独立すると、額面の大きさだけで飛びついてしまうこともある。この額面だけに惑わされず、準備時間、販促時間、受注率、顧客の信用度もしっかり考慮して、自身にあった仕事を選ぶことが大切である。

25 独立診断士のマネジメント
紺屋の白袴といわれないために

今日の仕事は、明日の仕事も入金も保障しない！


サラリーマンから独立した時には、大きな意識改革の必要がある。

ひとつは、今日の仕事が明日以降も続くわけではないことである。独立当初は、複数の顧客があっても、時間とともに気がついたら特定の顧客I社に絞られていた、ということがある。複数の企業と付き合うのはパワーを使う。できることなら息の合う事業者や公的機関に絞り、同じ仕事をしていた方が心身ともに楽である。人はついつい楽をしてしまう生き物である。

ではある日突然、その顧客からの仕事が打ち切られたらどうなるか？　雇用契約であれば、30日前の解雇予告や失業給付などの保障があるが、独立するとそれらの保障はない。一瞬にして経営危機に陥る。顧客に文句のひとつも言いたくなるところだが、これが独立なのである。これは官民関係なくあるリスクだ。

もうひとつが、必ずしも仕事後の入金が保障されないことである。公的機関との取引ならまず大丈夫だが、単発で発生する補助金申請や企業研修などの場合は、時々顧客の不払いに巻き込まれることがある。また契約内容が曖昧だった時も、後からもめて支払いが滞ることがある。大手企業で働いていて、急に給与の支払いが止まった人は、ほとんどいないだろう。ゆえに、サラリーマン生活が長いと、働いた分のお金は必ず入ってくると思い込んでしまいがちだが、独立後は、必ずしもそうではないことを肝に銘じておかなければならない。

これらのようなトラブルに遭わないために、前者の対策として、売上構成を分散させる方法がある。現状で特定の顧客との依存度が高い場合は、新規開拓を行う。売上第1位の売上構成は30%以下が理想だ。すでに首尾よく売上構成が分散されている場合は、それらの顧客との関係性を維持できるように、小まめなコミュニケーションを取ると良い。古い手段と言われそうだが、適度な飲みニケーション(※1)もまだまだ必要だ。また新型コロナウイルスの影響で、講師業が苦境に立たされているように、仕事のバリエーションを増やしておくことも、これからは必要になりそうだ。

後者の対策としては、取引前の与信管理だ。本格的な信用情報を得ようとすると、かなりのコストがかかるので、できることから始めていくとよい。「ホームページを確認する」、「会社名や代表者名で検索する」、「固定電話番号に電話をかけてみる」、「実際に訪問してみる」などを実践してみよう。売掛金管理表をつけることも重要だ。実際、未払いだったことに気づかなかったという事業者も多いのだ。

筆者の究極のアドバイスは「規模が小さいうちに、これらを体験しておくこと」である。診

※1　飲み会とコミュニケーションを組み合わせた造語。アルコールの力を借りて、本音やコミュニケーションの活性化を図る目的だが、度を超えるとアルコールハラスメントなどになることもある。

断士であれば、顧客に対してトラブルに遭わないために先のようなアドバイスをするが、それを実践していない人は多い。それは心の奥底で「自分だけは大丈夫だろう」という油断があるからだ。

しかし、診断士に限らず事業者の多くは、一度はこういうトラブルに遭っている。筆者も、大事にはいたらなかったがどちらも経験した。そのおかげで、今はしっかりと対策を打っている、というより、その習慣が身についたという方が正しい。

事業規模が大きくなった後にこれらのトラブルに遭うと、損失が莫大になったなど、衝撃も大きくなることがある。

人は、実際に転んで痛みを知らないと、なかなか行動しない生き物である。運良くトラブルに遭わずに済んだとしても、勝って兜の緒を締めておくようにしよう。

法人化のタイミングはいつ？

診断士として独立開業したなら、一度は考えるのが法人化だろう。一般的に法人化の目安は、利益として500～800万円以上見込めることと言われるが、法人と直接取引をするのであれば、利益を度外視して法人化することもある。これは信用面が大きいが、それ以外にも源泉徴収とマイナンバー（※2）の影響もある。

法人が個人事業の診断士と直接取引する場合、顧客の法人は源泉徴収として、本来の報酬から10・21％差し引いた報酬を診断士にお支払いする。そして法人側はこの10・21％を税務署に納付しなければならない。研修会社のように個人事業の講師を束ねているような業種を除

※2　税・災害・社会保障などに限定される個人番号制度。2020年分の確定申告から、電子申告で青色申告をすると10万円の控除があるので、個人事業者は早めに作っておくと良い。

くと、法人はその個人事業の診断士のためだけにこの手続きをしなければならない。

また法人は個人事業の診断士から、マイナンバーを集めなければならないが、個人のマイナンバーは特定個人情報と言われ、受け取った法人側は厳密な管理が義務付けられる。またマイナンバーを集めようとすると、何度要求しても出さない個人事業者は必ずいる。すると、法人側は「この個人は、これだけ提出を要求したが、マイナンバーを出してくれなかった」ということを税務署に証明しなければならず、マイナンバーにネガティブなイメージを持つ経営者もいる。

法人にもマイナンバーはあるが、個人事業と異なり、国税庁法人番号公表サイト（https://www.houjin-bangou.nta.go.jp/）に公開されているので、個人のように厳密な管理の必要がない。すると能力が同じ個人事業のA診断士と法人のB診断士がいた場合、法人が仕事をお願いしようとすると、源泉徴収とマイナンバーの手間がかからないB診断士にお願いしよう、と考えるのは自然な流れだろう。実際、マイナンバー制度が始まったタイミングで、法人化をした人もそれなりにいた。

士業の法人化の場合、税理士なら「税理士法人」、社会保険労務士なら「社会保険労務士法人」などその士業独自の特殊法人があるが、残念ながら「中小企業診断士法人」はない。そのため、通常は株式会社か合同会社のいずれかを選ぶことになるが、ここでどちらにするか迷うことがある。筆者も法人化の時に両者で悩み、知人の診断士4人に相談したところ、見事に2対2に分かれた。それくらい両者は微妙な差なのだ。

株式会社のメリットは、信用面で若干有利なことだろう。ベテランの経営者は、旧有限会社

（※3）があった時代を生きぬいてきたので、いまだに合同会社を知らないことがある。すると音の響きで判断され、同好会をイメージされてしまうこともある。実際には、あのアマゾン・ジャパンも、アップル・ジャパンも、グーグルも合同会社なので、若いベンチャー社長ならそれほど合同会社にも抵抗を感じないが、帝国データバンク「全国社長年齢分析2020年」によると、日本の社長の平均年齢は59・9歳であることを忘れてはいけない。また株式会社の代表は「代表取締役」になるが、合同会社は「代表社員」になる。やはり代表社員だと従業員代表の印象が残り箔が付かない。そのため合同会社では、あえて代表社員という名称を使わず「代表」や「CEO」と名乗ることも多い。

合同会社のメリットは、コスト面と手続き面で若干有利なことだろう。法人設立の法定費用を比較すると、株式会社は約24万円、合同会社は10万円と14万円ほど安く済む。設立手続きも、定款認証がなく若干簡略化される。役員の任期も、株式会社が最長10年なのに対し、合同会社は期限がなく一生続けることができる。株式会社の場合も、再任をすれば良いが、登記内容変更

株式会社と合同会社の違い

	株式会社	合同会社
設立費用	約24万円	約10万円
決算公告	必要 官報なら約6万円	義務なし
役員の任期	最長10年 再任の際に 手間と費用がかかる	制限なし
社会的信用	高い	株式会社より低い 特に対企業
代表者肩書	「代表取締役」	「代表社員」 箔がつかない？

※3　かつて設立できた会社形態。現在は新たに設立できないが、すでにある有限会社は特例有限会社として継続できる。新たに設立できないこともあってか、有限会社を買いたいという経営者もいる。

の手続きと1万円程度のコストがかかり、忘れると裁判所からペナルティ（過料）がある。さらに株式会社は決算公告義務という財務状況を開示する義務があり、官報を使って決算公告を行うと6万円程度かかるが、合同会社ではそもそも決算公告の義務がない。

ざっと、株式会社・合同会社のメリット・デメリットを述べてきたが、ひとつの選択の基準としては、中小企業経営者に直接アポを取り新規開拓をしていくなら株式会社、関係性ができている特定の事業者を中心に取引をしていくなら合同会社になるだろう。

撤退の意思決定は早く！

最後にお伝えする独立開業のセオリーは、「撤退の意思決定は早く！」である。日本では「継続は力なり」という言葉の通り、継続することが美学という風潮があるが、筆者はこれを高度経済成長期の名残と考えている。

1954年から1970年の高度経済成長期には、実質経済成長率は10％以上と右肩上がりの経済ゆえ、継続していれば高確率で報われる時代であった。しかし、バブル景気崩壊後の1991年以降の平均は1％以下となっており、高度経済成長期と同じ尺度で考えるべきではないだろう。さらに近年は、ITを中心に社会環境の変化も激しく、3年前に主流だったものが、今では廃れてしまったということも多々ある。こういう時代では、結果が出なければスパッと撤退して、方向転換する方がベターと考える。実際、ある金融機関の担当者は「優秀な経営者の条件のひとつは、撤退の意思決定ができること」と話している。

しかし人間という生き物は、そう簡単に撤退できない。これにはサンクコスト（埋没費用）

（※4）とプライドが邪魔をするからである。

コンコルドという航空機をご存知だろうか？　1970年代に登場した超音速旅客機である。当時最新鋭の技術を投入し世界的に話題になったが、「燃費が悪い」、「座席数が確保できない(狭い)」、「爆音が大きい」などのデメリットがあり、開発段階で採算が取れないと試算されていた。しかし、開発を止めてしまうとそれまでの開発費がサンクコストになるため開発を続け、無事完成はしたものの予想通り大赤字を招いた。このことから、サンクコストを意識しすぎて、損をするとわかっていても撤退できないことを「コンコルド効果」と呼ばれる。

これを診断士の独立開業に置き換えると、売上面で成り立っていないにも関わらず、診断士合格にかけたお金と時間、退職によって放棄した給料、スキルアップにかけた研修費、ホームページ制作費などがサンクコストになってしまうため、サラリーマンに戻る決断ができないということになる。これもコンコルド効果の事例と言えるだろう。

そして、撤退を妨げるもうひとつの要因がプライドである。例えば、同期診断士10人が同時期に独立して、自分だけが売上が芳しくなくサラリーマンに戻るとなったら、あなたならどう考えるだろう。「自分だけサラリーマンに戻るのは恥ずかしい……」と言った、敗北感が残ってしまうのではないだろうか。そのため、プライドが高い人ほど自分の負けを認められず、撤退の決断ができなくなってしまうのだ。

このような、やめた方が良いとわかっていてもやめられない状況を避ける方法として、「撤退のトリガー」を決めておく方法がある。トリガーとは拳銃の引き金のことであり、「3年後、売上400万円未満であれば、撤退してサラリーマンに戻る」といった撤退の基準を予め決め

※4　既に費やしてしまい、回収不能なお金や労力のこと。大切なのはサンクコストよりも、将来生み出すキャッシュフローがどうなのかにより、撤退・継続の意思決定をすべきと言われる。

ておくことである。もちろん、その時になって気持ちが揺らぐこともあると思うが、生活もままならないまま、ダラダラと継続することは避けられると考える。

また撤退には、「独立からサラリーマンへの転換」といった廃業的な撤退だけではない。「講師業から撤退し、経営コンサルティングへの転換」などの事業戦略上の撤退や、「A社との取引は難しそうなので、別の見込み客にアプローチする」などの営業戦略上の撤退もある。

兵法三十六計の最後は「三十六計逃げるに如かず」。これは、「勝ち目が薄い場合は撤退して、体勢を立て直して作戦を再考する」という意味と言われる。撤退もそれだけで終わってしまえば、単なる「挫折」である。撤退して、次の作戦をどうするかが重要である。

26 診断士の結婚事情

家族との関係性のつくり方

婚活女性に有利な診断士の世界

女性限定の話になるが、診断士のもうひとつの活用方法が婚活だ。筆者の仲間も、診断士同士で結婚が決まっている。女性からみると診断士は結婚のチャンスが多い。

最大の理由は男女比である。診断士の世界は男性9に対し、女性1と圧倒的な男性社会。さらに独身男性率も高いと言われており、女性からすると選択肢は膨大にある。

その男性も、東京近郊では大手企業の企業内診断士が多い。筆者の感覚では大手IT系の男性診断士が多いが、それ以外にも生命保険、外資系コンサルティング会社など有名企業が目白押し。大手企業勤務に加えて診断士の資格があれば将来性、安定性も十分にある。

結婚まで至ったカップルの傾向をみると、診断協会や研究会のイベントスタッフになり、そこで一緒に仕事をする中で恋が芽生える、というのが多いようだ。同様のことは、あるビジネススクールでも起きており、共に同じ目標の仕事や作業をしていると、恋愛や結婚に結びつく傾向があるらしい。

ただし、近年の診断士は第1章で述べたように、50代、60代が多いのでシニア婚になってしまうかもしれない。

また診断士受験生時代にも出会いのチャンスはある。受験生にも独身男性が多いため、勉強会などに女性の参加があると歓声が上がるほど歓迎される。勉強会で良さそうな男性がいたら、「ここ、教えていただけませんか?」と

声をかけてみよう。男性は基本的に力の欲求が強いので、いいところをみせようと快く教えてくれる。ここから先は恋愛読本を参考にしてほしい。

このように診断士の世界は、女性にとって出会いのチャンスが多い場である。それでも運悪く素敵な男性に巡り会えなかったら、思い切って仕事に生きよう。

一方、婚活面では男性には圧倒的に不利な状況だがチャンスはある。筆者の周囲を見回すと、診断士の世界に限らず、「仕事に燃えている女性」と「癒やし系の男性」の組み合わせが多い。仕事に燃えている女性は、心のどこかで癒やしを求めているのかもしれない。仕事に燃えている女性診断士との出会いを求めるなら、癒やし系男性診断士に徹すると良いかもしれない(笑)。

家族とのワークライフバランスも大切に

診断士の世界は魅力的な世界だが、ワークライフバランスを考えないと、大切なものを失う恐れもある。

大手IT系企業に勤務していた平野さんのエピソードをお伝えしたい。平野さんは、筆者の同期診断士で、2人の子どもを持つママ診断士。当時は家庭と会社と診断士活動の3足のわらじを履いていた。

その平野さんと知り合ったのは、あるコンサルタント養成塾だった。その彼女から、コンサルタント養成塾のメンバー全員宛てに一通のメールがあった。それはコンサルタント養成塾の活動辞退のメールだった。

平野さんは診断士取得後、積極的に診断士活動をしていた。当時のことを「会社では入社以来開発部門で、限られた人脈の中で仕事をしていたこともあり、診断士の世界は新鮮でエキサイティングだった」と話してくれた。それだけ診断士の世界はエキサイティングな世界であり、その世界にのめり込んでしまうこともある。

その結果、会社と診断士活動でスケジュールは常にいっぱいになり、当時1歳の子どもにとっては、母はいつもいないか、家にいてもパソコンの前にしかいない人になってしまった。

そして決定的な出来事が起きた。子どもが母親を拒絶するようになったのだ。平野さんはこの時のことを「普段、家にいない人がたまにはりきって、一緒の時間を楽しもうとしても、やはり無理な話だったのです。子どもにとって、私は『母』ではなく、完全に『他人』になっていました」と振り返っている。

またパートナーとの関係性についても注意が必要である。華々しく独立し、しばらくして離婚という話も耳にするようになった。その離婚理由も男女でかなり違っている。

男性が独立した時には、夫の収入が不安定かつ生活パターンが不規則になり、妻がそれに耐えられず離婚に至ることが多い。心理学的にも女性は安定を求めるタイプが多いので、それが満たされないのは堪え難いようだ。

一方、女性が独立した時には、妻が仕事で多忙になり、夫婦の時間が減って離婚に至るケースが多いようだ。明治安田生活福祉研究所の調査では、休日に妻と過ごす時間が、3時間未満になると夫の3人に1人は離婚を考えるという調査結果が出ている。また妻の収入が増えたことで、家庭内のパワーバランスが崩れることもあるようだ。

これまでに築いてきた生活様式に大きな変化があると、夫婦間に危機が訪れるらしい。そういう状況に陥らないためには、男性は頑張って仕事を軌道にのせる、女性はライフワークバランスということになるようだ。

平野さんは診断士のワークライフバランスについてこう語る。「いろいろなものを両立をしたい方は、まずしっかりと優先順位付けをお勧めします。そして、決めた優先順位は、何があっても曲げないこと。それだけで私のように、本当に大切なモノを失いかける過ちは防げると思います」この出来事から、「自分でないとできないこと」「どうしても達成したいこと」以外の活動は控え、子どもに対しては、きちんと時間を取り、なんとか子どもとの絆を回復できた。しかし、その回復には2年近い歳月がかかったという。

診断士に限らず創業希望者には「一度きりの人生なので、自分の思うようにやりたい」という人もいる。それが独り者なら何もいうことはない。けれども家族がいるなら、それはあなただけの人生ではないことを忘れないでほしい。

Column CASE 5

独立する前にサラリーマンのメリットを見返す

診断士になると、誰でも一度はあこがれるのが独立開業であろう。会社の仕事は業務命令ゆえ、やりたくない仕事でもしなければならず、ソリの合わない上司がいることもある。独立すると、これらのストレスから開放される権利を得るので、サラリーマンから見るとあこがれるのもわかる。しかし、独立の良い部分だけを見る前に、サラリーマンのメリットも見返してほしいと思う。

ある時、企業内診断士から独立したいという相談があった。その相談者は大手企業勤めで「私はこの程度の年収しかもらっていないのです。だから独立してしっかり稼ぎたい！」と給与の不満を漏らしていた。しかしその年収は大手企業だけあって、日本の平均年収をはるかに上回っており、大手企業ならではの福利厚生も踏まえると十分ではないかと思った。この地位を捨ててまでハイリスクな独立をすることはないと思い、「診断士活動はサラリーマンを続けながらでもできるので、複業でもよいのではないか？」、「独立するなら、地道に人間関係を構築していった方がよい」とアドバイスしたが、稼げる自信があったのか、すぐに独立していった。独立当初は華々しい活躍をみせ、いろいろな場面でその人の名前を聞く機会があったが、ある時からピタッと名前を聞くことがなくなった。知人診断士に聞いても、音信は不明とのことだった。

サラリーマンは相当の事情が無い限り、定期的に給与としてお金が振り込まれるため、稼ぐことを簡単に考えてしまうことがある。しかし独立すると、他人はそう簡単にはお金を出してくれない。特に日本は、関係性を重視するビジネスカルチャーがあるので、見ず知らずの人に有償の仕事を簡単には出してはくれない。

また社会保険の金額に驚くことも多い。年収600万円のサラリーマンだと、健康保険・厚生年金合わせて160万円を超えるが、サラリーマンであれば半分を会社が持ってくれているので、自己負担は80万円程度になる。ところが独立すると、これらは全額自己負担になる。健康保険・厚生年金は毎月の給料から天引きされているので、会社が負担してくれている意識が薄く、差引支給額だけを見て給料に不満を覚える人もいるだろうが、この健康保険・厚生年金面でもサラリーマンは有利だ。

さらに独立の場合、特段契約の縛りがない限り、突然仕事打ち切りを言われても文句は言えない。ある診断士は、週5日公的支援機関で仕事をしていたが、予算都合で仕事を打ち切られ、翌月から収入がゼロになるという経験をしている。しかし、サラリーマンであれば、突然の一方的な解雇は原則認められず、もし退職したとしても、雇用保険というセーフティネットもある。

実際、独立したものの思うように稼げず、生活のためソリの合わない取引先の下で、やりたくない仕事をするという本末転倒なケースもある。

日本のサラリーマンは、世界各国と比較してもかなり保護されており、ある外国人経営者は「私の国では、日本で会社を設立しても、従業員を雇ってはいけないと言われている」と言わしめるほどだ。診断士合格＝独立と考えて勢いだけでうっかり独立せず、サラリーマンのメリットを見直して、しっかりとした独立開業を目指してほしい。

エピローグ

中小企業診断士を末永く活かすために

診断士として独立して、10年目を迎えることができたが、筆者の場合、その道のりは順風満帆ではなく、2回廃業の危機があった。

1回目は2013年。当時は全国から呼ばれるセミナー講師、研修講師を目標にしており、書籍を3冊出版し、講師エージェント会社から講師登録依頼もあった。さらにはセミナーDVDまで制作してもらい、まさにノリノリの状態だった。そのため、「これからは講師業一本で生きていこう!」と決めて、講師以外の仕事は撤退した。もちろん、その手応えもあった。

ところが、好事魔多しとはよく言ったもので、新たな講師の仕事はほとんど増えず、さらに唯一講師の仕事があった研修会社が経営破綻した。もともと筆者は創業メンバーとしてその研修会社を立ち上げ、その後も講師兼マネージャーとして、顧客の経営課題を考えて講師とのマッチングをしていたが、講師業一本に集中するため、マネージャー業務を退任。しかし、後任者が適当にマッチングしていたらしく、客離れがおきてしまったようだ。

そして、その時の筆者の売上の80%以上がその研修会社だった。見切り発車で講師業一本に絞ったものの、他社からの講師の仕事は増えず、1社依存になってしまった。結果、売上の80%以上を失い、一転して経営危機に陥った。

2回目は2015年。講師以外の仕事もあったものの講師業を諦めきれず、自主開催スクールと、大手通信教育会社から打診があった筆者中心の中小企業診断士講座の2大プロジェクトに着手していた。そして、この2大プロジェクトにすべてをかけ、「この2プロジェクトが失敗したら、講師業から撤退する!」という撤退のトリガーも決めていた。

しかし結果は惨敗。この時は貯金があったので、急な経営難にはならなかったが、独立後、講師一筋に努力してきたこともあり、次に何をしてよいかわからず、独立継続のモチベーションは底辺まで落ち込んだ。

こんな2回の危機はあったが、なんとか乗り切ることができた。読者としては、どのように乗り切ったかが気になるだろう。

1回目の危機は、診断士合格直後からお世話になっている先輩診断士から「消費税関連の仕事があるのだけど、手伝ってくれる?」の電話だった。この消費税関連の仕事のおかげで、経営危機を乗り切ることができた。このオファーがなかったら、資金が尽きて廃業していたかもしれない。

2回目の危機は、「新規事業の予定があるのだけど、手伝ってくれませんか?」と声をかけてくれた女性経営者だった。さらに、大手携帯電話キャリアが主催する情報セキュリティ教室の仕事を、優先的にまわしてくれた女性経営者もいた。この両経営者のおかげで、仕事面の危機を乗り越えることができた。

その後、東京と岡山の公的機関の仕事が決まった。この時にも、また別の先輩診断士と同期診断士のお力添えがあった。

かくして2度の危機を乗り越えてきたのだが、ここで登場した5人には共通点がある。それは独立直前直後から、お付き合いがあること。つまり、現在まで10年来の付き合いになるということである。

ある創業塾で、先輩診断士が受講者に向けに話していた言葉がある。それは、

「人間関係をしっかり築ける人は、起業でも大きな失敗はしない」

筆者は起業で会社を大きくできる人は、会社の反映のためなら、これまで支えてくれた人でもスパッと切れる、ある意味非情な決断ができる人だと考えている。こういうタイプは敵も多いため、結果ハイリスクハイリターンになりやすい。

一方で、人間関係を重視する人は、非情な決断ができないゆえ、会社を大きくすることは難しいかもしれないが、窮地に陥った時に誰かが手を貸してくれる。結果、事業を長く続けやすくなる。先輩診断士は、その事を話していたのだろう。

筆者は、独立起業に必要となる要素を、「お金40%、人間関係30%、能力20%、思い10%」と伝えてい

る。お金に関しては本編でもお伝えした通りだが、次に大切なのが人間関係と考えている。筆者は、この人間関係を重視してきたことが、10年間独立を維持できた原動力になったと確信している。

独立診断士には、「独立するなら、他者に弱みを見せてはいけない」と話す人もいる。そのこと自体は間違いではないが、それを「他者をマウンティングして、自身の優位性を保つ」と履き違えている診断士もいる。これでは人間関係の構築は難しい。和を文化とする日本で起業するなら、人間関係は外すことはできない。

独立したからには「大きな事をしたい！」と思う人もいるだろう。しかし、独立を長く続けることの方が大切と考えている。筆者は他の独立診断士よりも時間はかかったが、長く続けられたことで、これまでで最高の社会人人生を手に入れることができたと思っている。

中小企業診断士は使い方次第で、自力で人生を変えることができるライセンスだ。このライセンスを手に入れたなら、人間関係を大切にし、末永く顧客のため、社会のため、そして自分自身のために活用してほしい。

2020年9月

西條由貴男

資料編

中小企業診断士に聞きました！　2020

診断士のワークライフバランスで、困ったことと、その対処方法を教えてください！

現役中小企業診断士がこっそり教える

悩みと対処法

参考文献・参考URL

中小企業診断士に聞きました！2020

診断士のワークライフバランスで、困ったことと、その対処方法を教えてください！

協力：中小企業診断士受験勉強会　タキプロ

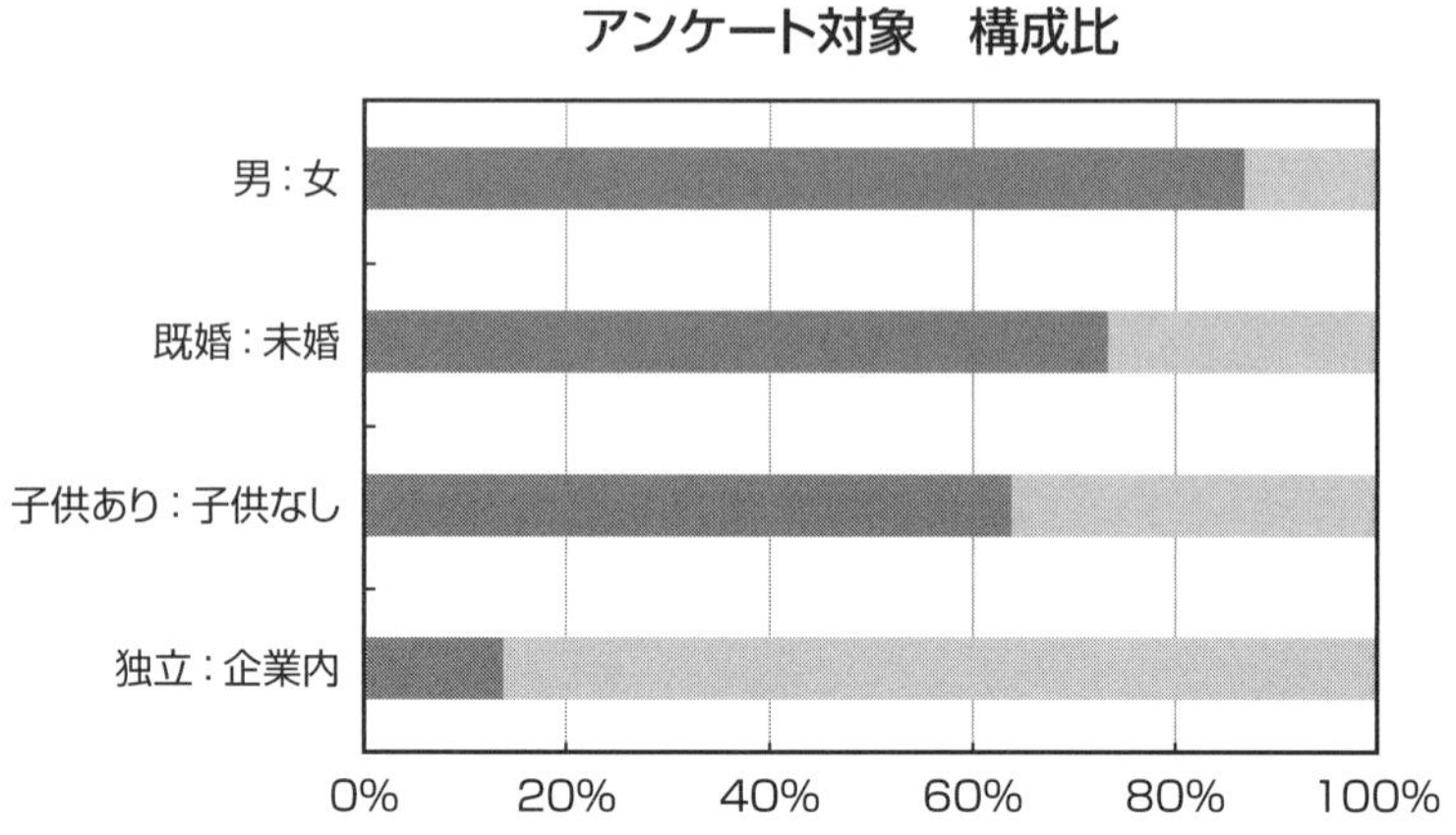

診断士活動と
仕事の両立で困った時、
どう対処しましたか？

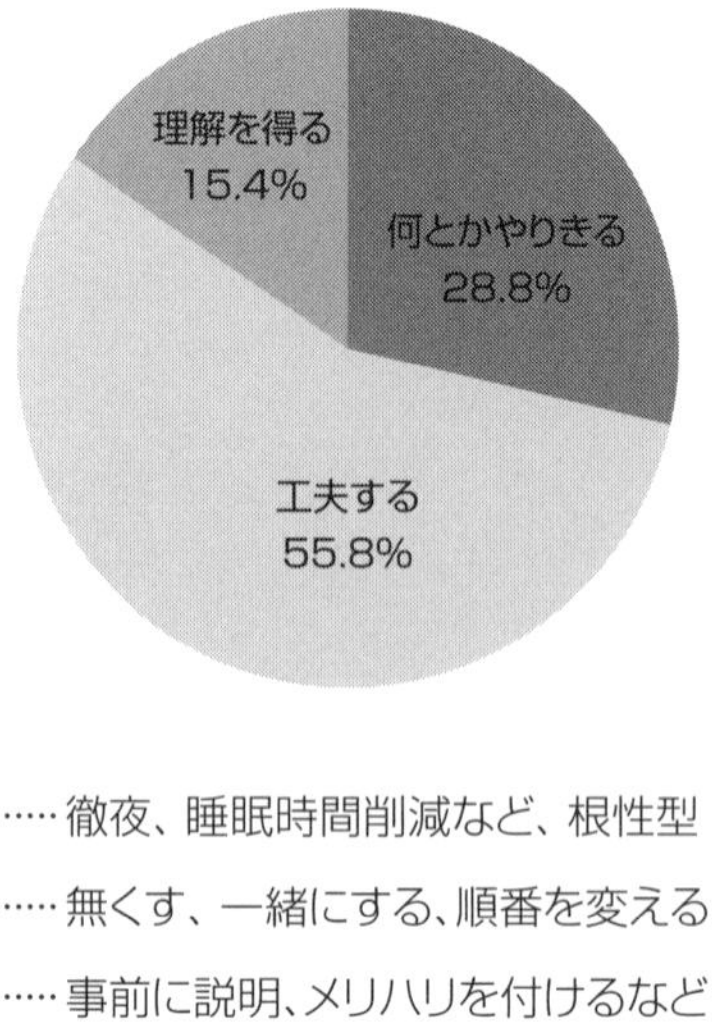

（1）何とかやりきる……徹夜、睡眠時間削減など、根性型

（2）工夫する……………無くす、一緒にする、順番を変える、簡単にするなど

（3）理解を得る…………事前に説明、メリハリを付けるなど

現役中小企業診断士がこっそり教える
悩みと対処法

協力：中小企業診断士受験勉強会　タキプロ

◉仕事の両立で困ったことと対策

困ったこと「プライベートも含めて、やるべきこととその締切が重複しまくりました」

対策「工夫をした上で、何とかやり切りました。具体的には、①締切を延期するよう交渉する、②本当にやるべきものだけに絞る、③協力できる人に協力を要請する、など」

困ったこと「仕事が数年間繁忙期続きで、なぜか納期が二次試験の試験日前後になる」

対策「仕事も試験勉強も週ベースの目標で動き、絶対に目標を下回らない。そのためなら、徹夜でも何でもした。ただ、仕事もある程度の裁量があったからできたと思う」

困ったこと「仕事のピーク(決算締め)で残業せざるを得ない時期と活動のピーク(資料作成)が重なった時」

対策「睡眠時間短縮でその時はやり切りました」

困ったこと「会社がある時間帯に診断士の仕事が入ることがある」

対策「会社がフレックスなので、それを活用している」

困ったこと「経理関連のシステム運用をしているため、繁閑差が大きく、診断士活動に手が回らない時期が訪れます」

対策「睡眠時間は守りながら、プライベートの時間を削って対応していました。診断士受験時代の経験からそこまでのストレスは感じていません」

困ったこと「勤務のある日に企業訪問をすることになった」

対策「診断士活動について説明して休暇を取ることに配慮してもらった」

困ったこと「試験日当日や前日に、あえて仕事を入れられそうになったこと」

対策「断固として先送り、もしくは同僚と類似業務をスワップ」

困ったこと「仕事の繁忙期と実務従事が重なって時間の捻出が困難だった」

対策「全体の中でクリティカルなパートは早めに片付け、「やってる」アピール。その反対に、仔細なところは納期交渉で時間稼ぎ」

困ったこと「独立診断士の方と日程が合わない」

対策「早期からＷＥＢツールを使ったリモートミーティングを取り入れていました」

◉家庭の両立で困ったことと対策　協力：中小企業診断士受験勉強会　タキプロ

困ったこと「子供の相手に時間を取られる」

対策「夜中に起きて仕事する」

困ったこと「やるべきこととその〆切が重複しまくりました」

対策「工夫をした上で、何とかやり切りました。具体的には、①きちんとスケジュールを早い段階で共有したうえで、適切に説明する、②本当に必要なものだけに絞る、など」

困ったこと「家族のケア」

対策「余裕のある時は、進んで子供と接して、奥さんの予定は全てＯＫにする。こちらの予定は、２ヶ月前には確定させ、自分の勉強時間は死守する」

困ったこと「双子が誕生」

対策「プライベートを優先、子育てが落ち着くまでは、積極的な活動は自粛。落ち着いてから再開予定」

困ったこと「家族とのレジャーの約束と納期が被った」

対策「前夜に集中して終わらせた」

困ったこと「独身のため、既婚の皆さんほど苦労はしていないですが、お付き合いしている女性との休日の時間がとれない、など」

対策「あらかじめ予定を伝えて理解を求めていました。また代替出来る日程をこちらから伝えるようにしていました」

困ったこと「家庭内サービスがおろそかになった」

対策「代替提案を行い、家族の機嫌をとった。診断士活動をセーブした」

困ったこと「子どものイベント」

対策「試験直前期に限っては、勉強最優先への了承を妻から得る」

困ったこと「家族との対話が減るまたは、対話のために活動時間が減少する」

対策「自宅外にスペースを確保する」

困ったこと「プライベートの時間がどんどん無くなっていく。特に平日・土日問わず夜にズーム打ち合わせが入り、これが続くときつい」

対策「診断士のズームセミナーは、調子に乗って入れすぎない」

参考文献・参考URL

参考文献

- 「企業内診断士の可能性　NECグループ中小企業診断士103人の挑戦」 NECグループ診断士会　同友館　2012年
- 「診断士ギョーカイ用語辞典150」 福島 正人, 木伏 源太, 黒川 如　同友館　2009年
- 「中小企業診断士試験ニュー・クイックマスター〈3〉企業経営理論」 中小企業診断士試験研究会　同友館　2013年
- 「中小企業診断士2次試験 ふぞろいな合格答案 エピソード2」 ふぞろいな合格答案プロジェクトチーム　同友館　2009年
- 「中小企業診断士2次試験 ふぞろいな合格答案 2008年版」 ふぞろいな合格答案プロジェクトチーム　同友館　2008年
- 「独立を考えたら読む本―弱者独立の成功法則」 竹田陽一　中経出版　1997年
- 「一勝九敗」 柳井 正　新潮社　2003年
- 「司法書士の「お仕事」と「正体」がよ～くわかる本」 大越一毅　秀和システム　2012年

参考URL

- 「J-SMECA 中小企業診断協会ホームページ」 https://www.j-smeca.jp/　中小企業診断協会
- 「東京都中小企業診断士協会ホームページ」 https://www.t-smeca.com/　東京都中小企業診断士協会
- 「神奈川県中小企業診断協会ホームページ」 https://sindan-k.com/　神奈川県中小企業診断協会
- 「大阪府中小企業診断協会ホームページ」 https://www.shindanshi-osaka.com/　大阪府中小企業診断協会
- 「中小企業庁ホームページ」 https://www.chusho.meti.go.jp/　中小企業庁
- 「中小企業ビジネス支援サイト　J-Net21」 https://j-net21.smrj.go.jp/　中小企業基盤整備機構
- 「中小企業大学校 東京校」 https://www.smrj.go.jp/institute/index.html　中小企業大学校
- 「法務省ホームページ」 http://www.moj.go.jp/　法務省
- 「日本公認会計士協会ホームページ」 https://jicpa.or.jp/　日本公認会計士協会
- 「東京都社会保険労務士会ホームページ」 https://www.tokyosr.jp/　東京都社会保険労務士会
- 「埼玉県中小企業診断協会」 https://sai-smeca.com/　埼玉県中小企業診断協会

●著者紹介
西條　由貴男（さいじょう　ゆきお）
合同会社ファインスコープ代表　中小企業診断士。1969年東京生まれ。大学卒業後、業界トップの食品機械メーカーにて、営業業務と経営企画室を担当。経営企画室では、リーダーとして業務改革に従事。その後、研修会社の管理スタッフを経て2011年独立開業。独立当初は研修講師、セミナー講師として活動し、登壇経験は約600回。しかし、講師ブームによる競争激化で登壇数は下降。一方で、消費税増税対策、会社設立、新規事業開発、創業相談などが増加し、経営支援にシフトチェンジ。東京都、岡山県、品川区などの公的機関にて、創業、女性起業家支援を中心に活動する。2017年に法人化。書籍は6冊出版、ビジネス誌の連載コラムも受け持ち、診断士の3大業務をそつなくこなすユーティリティプレーヤーとして活動している。

ホームページ　https://www.saijoh.com/

●イラスト
mammoth.

中小企業診断士《ちゅうしょうきぎょうしんだんし》の「お仕事《しごと》」と「正体《しょうたい》」がよ～くわかる本《ほん》[第2版《だいはん》]

発行日　2020年 11月 9日　第1版第1刷

著　者　西條《さいじょう》　由貴男《ゆきお》

発行者　斉藤　和邦
発行所　株式会社　秀和システム
〒135-0016
東京都江東区東陽2-4-2　新宮ビル2F
Tel 03-6264-3105（販売）　Fax 03-6264-3094
印刷所　三松堂印刷株式会社　Printed in Japan

ISBN978-4-7980-6275-4 C0036